STADT
Gebiet
Großberlin
d. Siedelung
Kilometer
1 Meile
Woltersdf.
Wilhelms-
hagen
Erkner
Gosen
Neu Zittau
Burig
Ziegelei
Dannenreich
Kablow
Bindow
Dolgen-
brodt
Gräbendorf
Prierosbrück
Prieros
F. Prieros
Neubrück
O.F. Hammer
F. Bucholz
WEND. BUCHH.
Oderin
Briesen

Südlich von Berlin: Der Teltow

Wolfgang Holtz
Gerd Koischwitz

Südlich von Berlin:
Der Teltow

Stapp Verlag

Wir danken Herrn Gert Lehnhardt für seine Hilfsbereitschaft, vor allem für das Bereitstellen seines umfangreichen Materials, und unseren Ehefrauen für das aufgebrachte Verständnis und für die Unterstützung beim Zustandekommen dieses Buches.

ISBN 3 87776 060 0

Satz und Gestaltung: Buchwerbung in Berlin GmbH
Druck: Color-Druck Dorfi GmbH, Berlin
Bindung: Stein Industriebuchbinderei, Berlin

Inhalt

Landschaft und Grenzen

Der bekannte Teltowkanal im Süden Berlins hat nicht, wie allgemein angenommen, seinen Namen nach der Stadt Teltow, sondern nach der weniger bekannten Hochfläche, deren äußerster nördlicher Ausläufer, der Spandauer Bock, westlich des Klinikums Westend steil zur Spree hin abfällt.

Aus der im Spreetal liegenden Berliner Innenstadt gelangt man aufwärts über den Mehringdamm zum Kreuzberg, der ebenso zum Teltow gehört wie die Havel- und die Müggelberge.

Grundsätzlich ist zwischen dem geographischen und dem politischen Begriff des Teltow zu unterscheiden.

Im vorigen Jahrhundert reichte der Kreis Teltow bis an die damaligen Grenzen der Stadt Berlin, die Spree war an vielen Stellen sein nördlicher Abschluß.

Charlottenburg, das schon 1705 zur Stadt erhoben wurde, schied 1877 aus dem Kreisverband aus. Ihm folgten 1899 Schöneberg und Rixdorf (seit 1912 Neukölln) und 1906 Deutsch-Wilmersdorf.

Steglitz, mit 83.000 Einwohnern größte Landgemeinde Preußens, erstrebte um 1900 ebenfalls die Selbständigkeit, wurde jedoch vom Landrat Stubenrauch durch zu hohe Geldforderungen zurückgehalten.

Köpenick, seit 1325 civitas (Stadt) genannt, blieb dem Kreise Teltow bis 1920 treu. In diesem Jahre wurde die Einheitsgemeinde Groß-Berlin gebildet. Diese Entwicklung brachte dem Kreis große Gebiets- und Bevölkerungsverluste und einen tiefen finanziellen Einschnitt. Umfangreiche Flächen wurden nach Berlin „eingemeindet“. Seitdem bildete die Südgrenze Berlins die Nordgrenze des Kreises Teltow. Von 1920 bis 1952 umfaßte er das Gebiet zwischen der Nuthe im Westen mit den angrenzenden Kreisen Zauch-Belzig und Jüterbog-Luckenwalde und der Dahme im Osten mit dem Nachbarkreis Beeskow-Storkow.

Die südliche politische Grenze war durch keine natürliche Markierung bedingt. Die Höhen des Fläming und das Baruther Urstromtal liegen in Sichtweite.

Schreiten wir einmal in Gedanken die Südgrenze ab:

Dort, wo das Hammerfließ in die Nuthe mündet und die Anhalter Bahn fast die B 101 berührt, war der südwestlichste Punkt des Kreises Teltow. An dieser Stelle begrüßte 1936 ein Spruchband den Läufer, der das Olympische Feuer mit der Fackel in Richtung Berlin trug.

Bis Gottow folgte die Grenze dem Hammerfließ, weiter östlich bestimmte das Gebiet des Grafen v. Solms-Baruth mit den waldreichen Besitzungen um Zesch am See den Verlauf. Sie schwenkte dann nach Süden und erreichte bei Staakow die Dahme. Dieser Fluß rahmt zusammen mit der Spree im Norden und der Nuthe im Westen den Teltow fast ein.

Das Quellgebiet der Dahme befindet sich südlich der gleichnamigen Stadt. Der Name ist slawischen Ursprungs und hat von der Bedeutung her ebenso wie Potsdam etwas mit Eichen zu tun.

Durch die Stadt Golßen fließend, erreicht der noch kleine Fluß bei Staakow nahe der Dresdener Autobahn das Gebiet des ehemaligen Kreises Teltow und bildet nun die Grenze zum Beeskow-Storkower Land.

Ab Märkisch-Buchholz ist die Dahme bis Prieros kanalisiert und in begrenztem Maße schiffbar. Es geht von hier aus durch eine wald- und seenreiche Landschaft, die Dubrow, weiter in Richtung Königs Wusterhausen. Von weitem fallen die hohen Sendetürme auf, von denen nach 1920 die ersten Radiosendungen in Deutschland über den Äther gingen.

200 Jahre zuvor verbrachte der Soldatenkönig Friedrich Wilhelm I. in Königs Wusterhausen gesellige Stunden im Kreise des Tabakskollegiums in seinem Jagdschloß, von dem aus er große Jagden in die wildreiche Umgebung veranstaltete.

Der Industriestandort Wildau, Zeuthen mit See, Schmöckwitz und Grünau mit dem Langen See sind bekannte Namen im Berliner Einzugsgebiet, an der Dahme gelegen, bevor diese bei Köpenick in die Spree mündet.

Die Quelle der Nuthe, des westlichen „Grenzflusses" des Teltow, ist südwestlich von Jüterbog zu suchen, in der Nähe von Dennewitz, einem Ort, bei dem vor allem General v. Bülow in der Schlacht von 1813 gegen die napoleonischen Truppen zu Ehren kam. Hier im Niederen Fläming fließt die Nuthe aus einer Höhe von noch nicht einmal 100 m in Richtung Norden. Von dieser Gegend wird behauptet, sie sei reich an Korn und arm an Born.

Zwischen der doppeltürmigen Jüterboger Nikolaikirche und dem Ortsteil Neumarkt strebt die Nuthe Kloster Zinna zu und verläßt somit den Fläming. Hier fließt sie unweit der Klostermauern vorbei. Die Zisterzienser waren zwischen dem 13. und 16. Jahrhundert im Besitz zahlreicher Wassermühlen an ihren Ufern. Auf dem Wege nach Luk-

Die Nuthe bildet hier die Grenze zur Zauche.
Einfluß der Notte (rechts) in die Dahme bei Königs Wusterhausen.

kenwalde treffen wir im Zinnaer Forst auf eine Brücke, auf der der Sage nach ein Junker von Hake auf Stülpe dem Ablaßkrämer Tetzel den gefüllten Geldkasten abnahm, wofür er sich bei ihm schon vorher einen Ablaßbrief erworben hatte.

Mit seinen rund 30.000 Einwohnern wird Luckenwalde von der Nuthe durch- bzw. umflossen; eine Stadt, die König Friedrich II. ihre Industrie, zumeist durch Ansiedlung von Kolonisten aus Gera, verdankt, die die Tuchmacherei betrieben.

Nördlich von Woltersdorf tritt die Nuthe in den ehemaligen Kreis Teltow ein. Sie verläuft nahezu parallel zur Bundesstraße 101 und zur Anhalter Bahn. Westlich werden mit dem Steinberg und dem Löwendorfer Berg Moränen sichtbar, die bis 100 m Höhe erreichen.

Bei Kliestow finden wir mit dem Burgwall Zeugen aus wendischer Zeit, und in Trebbin wird die erste Nutheburg bezeugt, mit einstmals wehrhaftem Haus zum Schutze des Übergangs nach dem Lande Jüterbog.

In der Trebbiner Fischerstraße soll der märkische Eulenspiegel, Hans Clauert, geboren worden sein.

Eine weitere Burg gab es in Kleinbeuthen, dort, wo sich heute noch ein Hügel nahe der Nuthe erhebt. Hier hatten sich die Quitzows eingenistet, die zu Beginn des 15. Jahrhunderts der Sage nach der „Faulen Grete", der Wunderwaffe des ersten Hohenzollern, Friedrich I., Tribut zahlen mußten.

Burgwälle bei Jütchendorf und Gröben beweisen, daß das Gebiet um den Gröbener und Siethener See schon von Slawen besiedelt worden war. Es diente nahe des Einflusses der Nieplitz in die Nuthe nicht nur zum Schutz, sondern wurde auch wegen des Fischreichtums bevorzugt. Die oft verzweigten, unüberschaubaren Entwässerungsrinnen reichten wegen ihres geringen Gefälles kaum aus, das Wasser die letzten 15 km in Richtung Havel zu leiten. Gerade bei Philippsthal und Saarmund – hier fließt die kleine Saar in die Nuthe – ist dies der Fall und führte häufig zu Überschwemmungen. In Saarmund stand eine der wichtigsten Nutheburgen, ein Stück abwärts an der ehemaligen Burgfischerei erhob sich die „Neue Burg", die als Grenzfeste der um 1180 deutsch gewordenen Zauche gegen die auf dem Teltow noch ansässigen Wenden errichtet worden sein könnte.

Die Nuthe, die ab 1765 reguliert wurde, wird nördlich des Nieplitz-Tales im Westen von Höhenzügen begleitet, wie vom Backofen- und Eichberg (um 90 m hoch) und von den Ravensbergen bei Drewitz (bis 114 m hoch).

Vorbei am alten Runddorf Neuendorf, der Keimzelle von Nowawes,

Die Nuthe bei Kleinbeuthen, von der Zauche auf den Teltow geblickt; links befand sich eine der Nutheburgen (leichte Erhebung).

fließt die Nuthe ihrer Mündung entgegen auf das Potsdamer Zentrum zu; das westliche Ufer gehört hier zur Teltower Vorstadt. Nahe dem ehemaligen Hakendamme, dort wo Johann Kunkel seinen zweiten Standort – nach Drewitz – für eine Glashütte hatte, und der Hakenmühle, die 1838 dem Bau der Berlin-Potsdamer Bahn teilweise weichen mußte, ist der Fluß kaum noch auszumachen. Erst zwischen Gärten und Bootshäusern erkennt man ihn wieder, bis er an der Freundschaftsinsel die Havel erreicht.

Am jenseitigen Ufer stand bis zum Bombenangriff am 14./15. 4. 1945 die Heiliggeistkirche, deren Ruine nach dem Krieg völlig abgetragen wurde. Die dort verlaufende Burgstraße weist darauf hin, daß sich an der Nuthemündung eine weitere slawische Burganlage befunden haben muß.

Bei genauer Betrachtung ist die Nuthe für die Mark Brandenburg ein historisch wichtiger und landschaftlich reizvoller Fluß, der als solcher jedoch unterschätzt wird.

Wie gelangte man eigentlich auf den Teltow?

Ein nach allen Seiten hin durch Wasserläufe und Sümpfe abgeschlossenes Landgebiet ist wie eine Festung, die nur an bestimmten Stellen abgesichert werden muß.

Zwei Durchlässe gibt es im Südwesten, Trebbin und Saarmund, die aus dem magdeburgischen Lande Jüterbog bzw. aus der Zauche vorgeschrieben sind. An diesen beiden Stellen setzte sich der askanische Markgraf Albrecht der Bär, nachdem er den Teltow in Besitz genommen hatte, in Burgen fest, die auf Inseln in der Nuthe lagen. Saarmund war sicher der bedeutendere Ort, denn hier kamen die Fuhrwerke von Leipzig und Wittenberg auf dem wichtigen Handelsweg in Richtung Berlin daher.

Von Potsdam auf den Teltow führte der Weg ehemals nicht über die Glienicker Brücke, sondern über den Hakendamm an Neuendorf vorbei auf Stahnsdorf bzw. Zehlendorf zu. Erst die beiden preußischen Könige Friedrich Wilhelm I. und Friedrich II. haben den anderen Weg gefördert.

Nach Norden in Richtung Spandau gibt es keinen weiteren Weg auf den Teltow, es sei denn über die Havel, wie ihn der Sage nach der Wendenfürst Jaczo nach Schildhorn hin zeigte.

Erst die Stößenseebrücke im Zuge der Heerstraße gewährt einen weiteren Eintritt in dies Gebiet.

Der Teltow als Hochfläche wird nach Norden hin durch die breite Niederung des Spreetales abgeschnitten, das früher wegen der verzweigten Flußarme schwer zugänglich war.

Von Spandau aus betrat man den Teltow zunächst überhaupt nicht. Die Spandauer Burg deckte den Weg im Norden der Spree über den Nonnendamm nach Berlin. Der Straßenzug über den Spandauer Damm ist erst neueren Datums.

Vom Barnim aus gelangte man nur über die Doppelstadt im Spreetal Berlin und Cölln auf den Teltow oder über Köpenick am Zusammenfluß von Dahme und Spree.

Dort, wo die Notte in die Dahme mündet, finden wir einen Einlaß aus der Lausitzer Gegend; hier wurde die Burg Wusterhausen erbaut, später entwickelte sich Königs Wusterhausen daraus. Dieser Zugang ließ sich ebenso leicht sperren wie weiter südwestwärts Mittenwalde, an der Notte gelegen. Sie bildete ursprünglich im Südosten die Grenze.

Erdgeschichtliche Zeugen im Teltow

Gips in Sperenberg – Braunkohle in Schenkendorf – Die Eiszeit

„Gips gibt's bei Gibs in der Gipsstraße" ist eine alte Berliner Redensart. Gips gibt's aber auch bei Sperenberg im Süden des Teltow.
Der Ort ist jüngst als möglicher Standort für Berlins neuen Großflugplatz ins Gerede gekommen. Das umliegende Gelände wäre für diesen Zweck gut geeignet, weil sich auf dem großen ehemaligen Artillerieschießplatz ein russischer Militärflugplatz befindet.

Der ahnungslose Wanderer, der Sperenberg in Richtung Wünsdorf verläßt, stößt nach kurzer Zeit auf einen Stacheldrahtzaun mit Schildern: „Betreten verboten – Lebensgefahr".

Das lockt den Blick nach links auf eine weiß-graue Steilwand hinter einem langgezogenen See. Einheimische wissen Schleichpfade zu nutzen, um dort zu baden und zu angeln. Wir folgen einem solchen schmalen Weg durch das Dickicht und gelangen an das Ufer des Sees, dessen Tiefe sich trotz der Klarheit des Wassers nur erahnen läßt. An der Steilwand treffen wir auf den Abdruck eines großen Schneckengehäuses im Gestein, bei dem es sich offensichtlich um Gips handelt.

Fast 300 Millionen Jahre ist es her, daß sich Schneckengehäuse am Boden des Meeres ablagerten, das damals den norddeutschen Raum bedeckte. Nach dem Verschwinden des Meeres blieb eine mehr als 1.000 m mächtige Schicht reinen Steinsalzes zurück, die mit den kalkhaltigen Gehäusen der Meerestiere durchmischt war. Versickerndes Regenwasser laugte das leicht lösliche Steinsalz im Laufe von Jahrtausenden aus und ließ es in die Tiefe sinken. Zurück blieb der wasserfreie schwefelsaure Kalk (Anhydrit) und wandelte sich durch Wasseraufnahme allmählich in Gips um.

Gips war schon im Mittelalter ein begehrtes Baumaterial. Die Zisterziensermönche in Zinna wußten es bereits im 12. Jahrhundert zu schätzen. Kurfürst Joachim II. ließ einen Kanal vom Gipsbruch zum Mellensee anlegen, von wo aus das Material über Nottefließ, Dahme und Spree nach Berlin befördert wurde.

Der Dreißigjährige Krieg ließ nicht nur den Kanal versanden, sondern er verschüttete auch jede Erinnerung daran. Nur die alten Kirchen um Sperenberg zeugen von der früheren Verwendung des Gipses als Baumaterial.

Der Große Kurfürst ließ den Nottekanal als Wasserstraße vom Mellensee zur Dahme erneuern. Im 18. Jahrhundert wurde Sperenberger Gips auch beim Bau des Berliner Schlosses verwendet.

Im 19. Jahrhundert kam der Gipsabbau in private Hände. Mehrere sogenannte Gipsbauern schürften nach dem begehrten Material – jeder auf seine Weise. Die über dem Gips lagernden Erdschichten wurden abgetragen. Man trieb bis zu 10 m tiefe Stollen in den Berg, wobei einzelne Pfeiler aus Sicherheitsgründen stehenblieben. Am Ende wurden die Pfeiler gesprengt, um die ganze Bergwand zum Einsturz zu bringen. Oft genug setzte sie sich jedoch und stürzte nicht nach vorn; das wertvolle Material blieb verschüttet.

1888 werkelten in Sperenberg 15 Gipsmühlen verschiedener Unternehmer, von denen einige jedoch jährlich nur wenige Waggonladungen Gips produzierten. Acht Jahre später waren nur noch drei wirtschaftlich arbeitende Betriebe übriggeblieben.

1906 ging man zu radikaleren Abbaumethoden über. Ganze Felswände wurden gesprengt und Stollen in den unter dem Grundwasserspiegel liegenden Gips getrieben. Weiträumig wurde dadurch der Vegetation in der Nachbarschaft das Wasser entzogen.

Kleinere Gipsstücke wurden aus dem Abraum herausgewaschen. Das salzige Schmutzwasser leitete man einfach in den Krummen See. Die Fische starben. Nur der Aal überlebte. In den Gärten der Umgebung war kein Obst- und Gemüseanbau mehr möglich.

Von 1924 bis 1946 ruhte der Gipsabbau. Nach kurzer Betriebszeit gab man 1958 die Produktion wiederum auf. Was blieb, war die Herstellung von Wärmedämmplatten.

Ein Rekord ist noch nachzutragen: 1867 wollte man es genau wis-

Gipsabbrüche bei Sperenberg.

sen und trieb den Bohrer 1.271 m tief in den Gips, ohne die untere Grenze des Vorkommens zu erreichen. 15 Jahre lang blieb das Sperenberger Bohrloch das tiefste der Welt.

Das Besondere an den Gipsvorkommen von Sperenberg liegt darin, daß hier Erdschichten der Zechsteinformation, die sonst tief unter der Oberfläche der Mark Brandenburg liegen, nach oben gelangt sind.

Ähnliches ist unweit Königs Wusterhausen, bei Schenkendorf, geschehen. Kommt man in den kleinen märkischen Ort, fallen einstökkige, gelblich verklinkerte Arbeiterhäuser auf, die so gar nicht in das Bild eines Dorfes passen wollen.

Abseits der Aue stehen Häuser, an deren Fassaden sich gerade noch die Aufschrift „Glück auf" neben gekreuzten Hämmern entziffern läßt. Einige Buchstaben haben sich schon gelöst.

Jahrzehnte sind vergangen, seitdem der Gruß der Bergleute in Schenkendorf einen Sinn ergab. Nach 1870 wurde hier Braunkohle abgebaut wie in Senftenberg. Förderanlagen, Schornsteine und andere Attribute einer Zechenanlage sind längst verschwunden. Von der

Schenkendorfer Grube „Centrum", einem Projekt der Gründerzeit nach dem deutsch-französischen Krieg 1870/71, spricht niemand mehr.

Von Beginn an stand der Kohleabbau hier unter einem unglücklichen Stern. Zwar gab die Industriellenfamilie Siemens ausreichend Geld für den Beginn der Arbeiten, aber schon bei der Anlage des 80 m tiefen Schachtes stieß man auf stark wasserhaltige Sandschichten, so daß die übliche Methode, eiserne Rohre mit dem Querschnitt des Schachtes in das Erdreich zu pressen und den feuchten Sand herauszubaggern, nichts fruchtete.

Soeben hatte der Ingenieur Poetsch ein Verfahren erfunden, ein mit einer Gefriermaschine verbundenes System von Rohren im Boden zu installieren und so das Erdreich in starren Frostzustand zu versetzen, um das Wasser zu stoppen.

In Schenkendorf erlebte diese Methode ihre Premiere.

Lange dauerten die Versuche, und sie verliefen am Ende nicht befriedigend. Mindestens waren sie sehr teuer. Dem Erfinder mögen sie zu neuen Einsichten verholfen haben. Heute ist dieses Vorgehen nicht mehr ungewöhnlich. In Schenkendorf jedoch gab man den Schachtbau an der wasserreichen Stelle auf und versuchte es nach alter Methode an einer anderen. Um die Sandmassen abtransportieren zu können, baute man sogar eine Eisenbahnstrecke von Königs Wusterhausen nach Mittenwalde, die später dem Personenverkehr gute Dienste leistete (Mittenwalder Eisenbahn).

Mächtige Pumpen wurden des Wassers beim Grubenbau Herr, senkten jedoch den Grundwasserspiegel in der Umgebung so stark, daß der Bau einer Wasserleitung notwendig wurde, um die Anwohner nicht auf dem Trockenen sitzen zu lassen.

Dennoch gab es immer wieder Wassereinbrüche im Schacht. Als in der Grube Brände ausbrachen, wuchsen die Kosten des Kohleabbaus so stark, daß die Aktionäre der Fördergesellschaft dem ein Ende setzten. 13 Millionen Mark waren vergeudet worden. Die Arbeiten wurden eingestellt. Die Anlage verfiel. Die Stollen brachen zusammen. Mulden in der Umgebung von Schenkendorf erinnerten noch lange daran, daß der Mensch hier vergeblich versucht hatte, der Erde Schätze zu entreißen, die sich vor mehr als 60 Millionen Jahren gebildet hatten, als sich bei feucht-warmem Klima Wälder riesiger Sumpfzypressen im Gebiet der Mark Brandenburg ausbreiteten. Sie starben ab, und Wasser überdeckte sie. Sauerstoffmangel ließ sie vertorfen und unter dem Druck darüber lagernder Erdschichten zu Braunkohle werden.

Sumpfig war es beiderseits der Notte noch zu Anfang des 19. Jahr-

In Schenkendorf wurde Braunkohle abgebaut.
Siedlung für Beschäftigte des ehem. Braunkohleabbaus in Schenkendorf.

hunderts, was beim Aufbau der preußischen Verteidigungslinie gegen die Truppen Napoleons 1813 eine Rolle spielte. Deshalb fand die Schlacht auf den trockeneren Gefilden bei Großbeeren statt und nicht in den Mooren südlich von Königs Wusterhausen.

Die Braunkohlevorkommen von Schenkendorf und die Gipslager von Sperenberg durchbrechen mehrere hundert Meter dicke Erdschichten, die in der Eiszeit entstanden sind. Sie gibt den Forschern noch immer Rätsel auf.

Wahrscheinlich währte die Eiszeit eine Million Jahre und endete erst vor 10.000 Jahren, als schon Menschen die Erde bevölkerten. Weite Gebiete im Norden Eurasiens und Amerikas wurden damals von bis zu 3.500 m dicken Gletschern überlagert, die sich südwärts bis an die Mittelgebirge schoben und alles pflanzliche und tierische Leben unter sich begruben.

Natürlich brauchte es Tausende von Jahren, bis sich Gletscher von dieser Stärke bildeten und von Skandinavien her über Norddeutschland schoben. Es gab Pausen in dieser Bewegung, sogenannte Warmzeiten, in denen es wärmer als heute war und das Eis sich vollständig zurückzog. Da diese Zwischeneiszeiten ebenfalls Tausende von Jahre währten, wissen wir nicht zuverlässig, ob wir heute in einer solchen Wärmeperiode leben und mit einem erneuten Vorstoß der Gletscher rechnen müssen.

Tatsache ist, daß die Gletscher ungeheure Gesteinsmassen von den skandinavischen Gebirgen „abhobelten“ und nach Süden verfrachteten. Wie das geschah, läßt sich heute an Gletschern im Alpenraum beobachten. Mit bloßem Auge erkennt man, daß die Gletscher Steine mitführen und talwärts bewegen. In den Gletscherbächen, die sich aus den Gletschertoren am unteren Ende der Eismassen ergießen, liegen massenhaft rundgeschliffene Steine.

Die riesigen Steine, die in Parkanlagen oder als Denkmäler überall in der Mark anzutreffen sind, sind Beweise dieser Erdbewegungen. Findlinge wurden sie genannt, weil niemand ihre Herkunft erklären konnte.

Am westlichen Rande von Waßmannsdorf, wo die Straße nach Selchow führt, lag einmal ein solches steinernes Ungetüm, von dem Lehrer Kammann aus Groß-Kienitz berichtet:

Zu der Zeit, als die Deutschen von Westen her eingewandert waren und das Christentum unter den einheimischen Wenden verbreiteten, wurde eines Abends der Pfarrer von Selchow nach Waßmannsdorf gerufen, wo ein schwerkranker Mann im Sterben lag. Als er heimkehrte, dämmerte es. Nebel breitete sich aus, und aus dem Dunst faßte der Teufel, dessen Umrisse der Pfarrer erkannte, nach dem Abendmahlskelch, den er trug. Geistesgegenwärtig hielt der Gottesmann dem Satan den Rosenkranz vors Gesicht. Vor dem Kruzifix suchte der Böse das Weite. Der Pfarrer beschleunigte seine Schritte, um dem unheimlichen Ort zu entfliehen. In diesem Augenblick kam ein mächtiger Stein durch die Luft geflogen und wühlte direkt neben ihm das Erdreich auf. Erst im Hellen am nächsten Morgen erkannte der Geistliche das Ausmaß der Gefahr, in der er sich befunden hatte. Offensichtlich war der Stein vom Teufel nach ihm geworfen worden. Die Bauern nannten den Felsen Teufelsstein und vermuteten, der Böse habe ihn von den Müggelbergen ins Dorf geschleudert.

Als vor hundert Jahren das Rieselgut Waßmannsdorf geschaffen wurde, störte der Findling bei der Anlage eines Grabens und wurde gesprengt.

Ein anderer mächtiger Findling soll früher auf den Müggelbergen gelegen haben. Er wurde Teufelsaltar genannt. Die Bewohner von Müggelheim wollten des Nachts oft helles Feuer an dieser Stelle gesehen haben. Später wurde der Stein gesprengt und beim Brunnenbau verarbeitet.

Eine andere Sage berichtet davon, daß eine Prinzessin von ihrem Vater, dem König von Böhmen, nach den Müggelbergen verbannt worden sei, weil sie sämtliche Freier ablehnte. Einer von ihnen, ein kühner Prinz, zog ihr nach. Als er die Müggelberge erreicht hatte und die Prinzessin entführen wollte, versank ihr Schloß im Berg, und nur ein mächtiger Stein bezeichnete den verschlossenen Eingang zum Berg.

Viele Findlinge sind in den Dörfern bei der Anlage von Kriegerdenkmälern verwendet worden. Andere und besonders die kleineren Steine brauchte man zum Straßenbau, als die grundlosen märkischen Wege im 19. Jahrhundert befestigt wurden. Eine preußische Verordnung bestimmte 1763, daß jeder Bauer, der in Berlin zu tun hatte, zwei Feldsteine mitbringen und am Tore abwerfen mußte. Mit diesen sogenannten Katzenköpfen konnten die Straßen der Stadt gepflastert werden. In anderen märkischen Städten verfuhr man ähnlich.

Die Gletscher der Eiszeit brachten nicht nur Findlinge, und nur selten blieben solch mächtige Blöcke erhalten. In der Regel wurden die Steine durch die Bewegung des Eises zermahlen und in Form kleinerer Steine, als Kies oder Sand herausgespült oder beim Abschmelzen des Eises liegengelassen. Geschiebelehm, ein Brei aus zermahlenem Gestein, nimmt im Teltow als Grundmoräne inselartige Flächen in einer Höhe von etwa 60 Metern ü.M. ein und bildet fruchtbare Ackerböden. Der Wald wurde von den deutschen Siedlern, die vor 800 Jahren aus dem Westen kamen, in diesen Gebieten gerodet.

Im Norden ist der Teltow hufeisenförmig von Hügeln umgeben, die von den Grunewaldbergen über den Spandauer Bock und den Kreuzberg bis zu den Müggelbergen reichen und die Hochfläche zum Warschau-Berliner Urstromtal hin abschließen. In diesem Tal, wie auch im Glogau-Baruther Urstromtal südlich des Teltow, sammelten sich gegen Ende der Eiszeit größere Schmelzwasserströme und flossen in nordwestlicher Richtung zum Meere ab. Von Süden her wusch das Schmelzwasser Rinnen aus, die sich in den Teltow in nördlicher Richtung einkerbten, wie das Nuthetal und die Rinnen, in denen sich heute der Teupitzer und der Rangsdorfer See befinden.

Das vorrückende Eis schob Gesteinsmaterial zu Stauchendmoränen bei Brusendorf, Klein-Kienitz, Jühnsdorf und in Gestalt des Machnower Weinberges zusammen. Wo das Eis längere Zeit liegen blieb, ehe es sich zurückzog, wuschen Gletscherbäche Material heraus und häuften es zu Endmoränen an, wie in den Müggelbergen. Hier wie auf den unfruchtbaren Sandflächen, die von den Schmelzwassern zurückgelassen wurden, blieb der Wald erhalten, weil der Boden nicht als Ackerland taugte.

Strudelnde Schmelzwasser wuschen kreisförmige Vertiefungen, Sölle, aus, in denen sich Seen bildeten, wie in Steglitz.

Wo das Eis abgeschmolzen war, die neu keimende Vegetation den losen Sand aber noch nicht binden konnte, häufte der Wind Dünen auf, wie wir sie bei Halbe, zwischen dem Teupitzer und dem Rangsdorfer See, südlich vom Bahnhof Kummersdorf, bei Neuhof, Wünsdorf, Dabendorf, am Motzener und am Wolziger See vorfinden.

In einer warmen Zwischeneiszeit lebten in den Altwassern der Flüsse, die vom Lausitzer Gebirge herkamen, Schnecken, die in den Tonvorkommen bei Königs Wusterhausen, Motzen und im Südwesten des Kreises Teltow auftreten.

Nach der Eiszeit entstanden Moore im Nuthetal, bei Großbeeren, Zossen und Mittenwalde.

Die Strömungsverhältnisse der Bäche und Flüsse regulierten sich derart, daß das gesamte Gebiet des Teltow zur Spree und zur Havel entwässert wird: durch den Zülowkanal bei Rangsdorf, den Nottekanal bei Zossen, den Galluner Kanal bei Motzen, sowie durch Bäke und Nuthe. An den Rändern und in der Mitte bildeten sich der Teupitzer, der Rangsdorfer und der Mellensee.

Auf den Spuren frühzeitlicher Menschen

Steinzeit – Bronzezeit – Eisenzeit – Germanen – Slawen

Was wäre, wenn wir nur in einer Zwischeneiszeit lebten und Eismassen sich erneut von Norden her über die Mark schöben, alles unter sich begrabend? Was fänden Archäologen späterer Jahrtauende von unserer Kultur?

Häuser, Möbel, Geräte, Schriften gar, würden zermahlen und „atomisiert". Kunststoffe, Metalle und Steine hielten sich spurenweise, doch ihre Strukturen würden zertrümmert. Wir hinterließen den Nachfahren nicht viel mehr als die Menschen der Frühzeit. Große Fragezeichen stünden über der Bewertung unserer Kultur.

Was wissen wir von den ersten Menschen, die durch die Mark Brandenburg streiften? Lebten sie hier schon in den wärmeren Zwischeneiszeiten?

Jeder Vorstoß der eiszeitlichen Gletscher ebnete die Landschaft ein und formte sie neu, zermalmte alle Reste von Pflanzen und Tieren, die hier gelebt hatten – mit wenigen Ausnahmen. Viele Meter dicke Schichten von Geschiebemergel bedeckten alles. Um Überreste von Werkzeugen und Geräten zu finden, muß der Zufall zu Hilfe kommen.

So geschah es, daß 1882 Arbeiter in einer Sandgrube nahe dem alten Rixdorfer Rathaus auf Knochen stießen. 13 Meter tief unter der Oberfläche fand sich ein ganzer Querschnitt durch die Tierwelt einer fernen, vom Eis begrabenen Zeit (Rixdorfer Horizont). Am Rande der Gletscher hatten sie gelebt und waren dort zu Grunde gegangen: der Wolf und der Vielfraß, das Rentier, der Riesenhirsch und das Wildpferd. Sogar Wisent, wollhaariges Nashorn und das elefantengroße, dicht behaarte Mammut ließen sich identifizieren.

Ganz offensichtlich hatte ein letzter Eisvorstoß sie alle begraben. Genauere Zeitangaben waren damals nicht möglich. Inzwischen sind die Archäologen klüger geworden. Sie datieren heute das Alter der in Neukölln gefundenen Tierknochen auf 55.000 Jahre. Von Menschen gab es damals noch keine Spur. Vielleicht liegen ihre Überreste in einer anderen Sand- oder Kiesgrube begraben. In Mähren stieß man auf Spuren eiszeitlicher Jäger aus jener Epoche.

Der letzte Vorstoß skandinavischer Gletscher erreichte seinen Höhepunkt vor 23.000 Jahren. Vor 14.000 Jahren lag der Eisrand an der heutigen Ostseeküste. Wasser gab es damals dort nicht. In der

Mark Brandenburg breiteten sich Moose und andere niedere Gewächse der Tundra aus, wie wir sie heute in arktischen Breiten finden.

Rentiere streiften in großen Herden, von Süden kommend, umher. Ihnen folgte mit untrüglichem Jagdinstinkt der Mensch. Wie konnte er überleben?

Das Rentier gab ihm alles. Er aß sein Fleisch, kleidete sich mit seinem Fell, das er auch zum Bau von Zelten benutzte, und nahm seine Knochen als Werkzeug, um eßbare Wurzeln auszugraben.

Im Faulschlamm der Rehwiese in Nikolassee fand man vor 60 Jahren ein Beil, das aus dem Geweih eines Rentieres gearbeitet war. Es gehörte Jägern des 9. Jahrtausends vor Christo. Zahlreichere Spuren von Rentierjägern wurden in Berlin-Tegel, am Rande des Barnim, entdeckt.

Den Menschen zieht es zum Wasser. An Flüssen und Seen entstanden die ältesten Siedlungen, so an der Dahme in Schmöckwitz. Die Menschen der Mittleren Steinzeit vor 10.000 — 6.000 Jahren fischten und jagten, wobei sie Steine geschickt als Werkzeug benutzten. Das erscheint schwierig, wird aber leichter, wenn man Feuersteine benutzt, bläuliches, scharfkantiges Material, über das man stellenweise in der Mark geradezu stolpert. Es verleitet dazu, als Werkzeug benutzt zu werden, und oft scheint die Natur mit einem Abschlag die Säge, das Messer, den Dolch vorgegeben zu haben. Leicht läßt sich der Feuerstein spalten. Funken, die dabei sprühen, gaben ihm den Namen.

Die Menschen jener Epoche nach der Eiszeit lebten besser als ihre Vorfahren, die am Rande der Gletscher den Rentierherden nachziehen mußten, um ihr Leben zu fristen. Jetzt konnte man bleiben, wo die Jagd auf Wildschweine, Hirsche und Rehe lohnte. Das Schilf der märkischen Seen verlockte zum Bau von Hütten, die warm waren und vor Regen schützten. Die Frauen, mit der Aufzucht vieler Kinder ständig beschäftigt, sammelten Wurzeln, Beeren und Pilze in der Nähe der Siedlung. Das erste Haustier, der Hund, mag sie dabei schützend begleitet haben.

Geschickte Handwerker, die mit Feuersteinen umzugehen wußten, spalteten Beile ab, die sich schärfen ließen und dazu taugten, Holz zu verarbeiten, sei es, um Pfeile und Speere herzustellen oder nur, um Brennholz zu zerkleinern. Schließlich wagte man sich an dicke Stämme heran und höhlte sie aus. Mit diesen Einbäumen konnte man zum Fischfang auf den See hinausrudern.

Der listige Jäger ließ winzige steinerne Widerhaken in die Spitzen der hölzernen Pfeile ein, um dem Tier stark blutende Wunden zuzufügen, damit die Spur besser verfolgt werden konnte, auch wenn das verletzte Wild noch Kilometer zurücklegte, ehe es zusammenbrach. Mikrolithen werden die Steinspitzen genannt, nach denen jenes Zeitalter bei Ausgrabungen bestimmt wird.

Gegen Ende der Mittleren Steinzeit verstand es der Handwerker, schwere, walzenförmige Beile zu durchbohren und zu schärfen, anscheinend für den Hackfruchtbau.

Nur schwer erschließt sich die geistige Welt der Menschen jener fernen Zeit. Ein Schlaglicht fällt auf die Vorstellungen und Ängste, wenn man die Grabfunde von Schmöckwitz näher betrachtet. Unweit der Dahme wurden 1925 drei Grabanlagen entdeckt. Sorgsam waren die Toten in Mulden gebettet worden, die mit rotem Ocker ausgekleidet wurden. Eine liebende Hand hatte Geräte aus Feuerstein hineingelegt, damit die Verstorbenen im Jenseits nicht hilflos blieben. Dann aber muß die Furcht vor den Geistern der Toten durchgebrochen sein: Ihre Körper wurden zerstückelt, damit sie die Lebenden nicht mehr behelligen konnten.

Das Klima begünstigte die weitere Entwicklung menschlicher Kultur in Europa. Es wurde trockener und wärmer. Siedlungsfeindliche Sümpfe trockneten aus und gaben den Menschen im ganzen Teltow Raum, zu wohnen und Ackerbau zu betreiben; denn das ist die große Errungenschaft jener Epoche, der Jüngeren Steinzeit: Der Mensch löste sich von den Zufällen des Jagens und Sammelns, wozu immer Glück gehörte, und schwang sich zum Herren über seine Lebensplanung auf. Nur die trockensten Heidegebiete hielten ihn ab, Äcker anzulegen. Wasser brauchte der Siedler nach wie vor, und so reihten sich die Siedlungen an Dahme, Notte und Nuthe.

Das Land war offen, und zwei Jahrtausende lang verbreiteten wandernde Völker neue Kulturen über Europa. Die ersten kamen von Südosten her und bevorzugten fruchtbare Lößböden. Sie verstreuten sich über Mittel- und Westeuropa, sparten die sandige Mark aber aus, kamen höchstens als Händler mit Werkzeugen und Pflugscharen hierher. Ihre Tongefäße zeigten charakteristische bandförmige Muster, wonach sie als das Volk der Bandkeramiker bezeichnet werden. Wir kennen ihren wahren Namen nicht.

Von Norden kamen Bauern, deren Gefäße rundbauchig waren und sich oben trichterförmig erweiterten. In Britz wurden mehrere Siedlungen dieser Trichterbecherkultur gefunden.

In Rudow und am Dachsberg im Grunewald fand man Grabstätten einer Kultur, die sich von der mittleren Elbe her ausbreitete und durch kuglige Gefäße auszeichnete. Zur Zeit jener Kugelamphorenkultur um

2200 v. Chr. konnte der Mensch das Steinbeil durchbohren, wozu er den Fiedelbohrer benutzte, der in einem Holzgerüst geführt und mittels eines Bogens, dessen Enden mit einer Schnur verbunden waren, hin- und hergeführt wurde. Steinsplitter gaben dem Bohrer die Schärfe, Wasser kühlte ihn.

Die Hütten der Ackerbauer hatten lehmbeworfene Flechtwände und unterschieden sich damit nur wenig von denen in unterentwickelten Ländern unserer Zeit. Die Dächer waren mit Schilf oder Stroh gedeckt.

Die Menschen verstanden es bereits, aus Schafwolle und Flachs Fäden zu spinnen und Stoffe auf Webstühlen herzustellen. Sie mögen glücklich und zufrieden gelebt haben, sonst hätten sie sich nicht so stark entwickelt.

Vor 4.000 Jahren fluteten von Osten her, nicht zum letzten Mal, Reitervölker kriegerisch über Mitteleuropa und drangen bis nach Dänemark und Schweden vor. Sie müssen auch die Mark durchzogen haben; denn eine Streitaxt dieses kriegerischen Volkes fand man in Treptow. Welche Kämpfe, welche Tragödien sich abspielten, welche Leiden die seßhaften Völker bei den Überfällen der Nomaden erduldeten – wir wissen es nicht. Nur ganz wenige Funde sind stumme Zeugen jener Zeit. Wegen ihrer Verzierungen auf Tongefäßen werden die Krieger aus dem Osten Schnurkeramiker genannt.

So erstaunlich Funde bearbeiteter Steine sind, sie werden bei weitem übertroffen von den leuchtenden Zeugen der folgenden Kulturepoche. Allerdings muß man die Fundstücke schon tüchtig putzen, ehe sie ihre Schönheit zeigen.

Wieder kam der Fortschritt von Süden her, aus Vorderasien, über Spanien, den Balkan und die Landbrücke des Kaukasus. Wir wissen nicht genau, wo der Mensch zuerst auf die klumpige, harte Masse mit sonderbarer Färbung aufmerksam wurde, die er im Feuer fand. Metall schmolz aus Steinen aus, die zufällig den Boden der Feuerstätte abgaben. Rötlich leuchtete die Masse und lockte, bearbeitet zu werden. Bald entdeckte der Mensch, wie hart und gleichzeitig wie geschmeidig das Metall war, besser zu bearbeiten als Stein. Es wird sicher Jahrhunderte gedauert haben, bis Handwerker die Fertigkeit erwarben, planmäßig Metall zu schmelzen und zu bearbeiten. Das rötliche Kupfer mischten sie mit dem weißlichen Zinn und erzeugten Bronze, den Werkstoff des nächsten Jahrtausends.

Geschäftstüchtige Händler vertrieben die Bronze in unbearbeitetem Zustande weiter in den nördlichen Teilen Europas. Vielleicht lockten sie Käufer an, indem sie zeigten, was sich aus diesem Metall schmieden ließ.

Auch in Teltow gab es um 2000 v. Chr. Bronzeschmiede, wie viele Funde beweisen. Den letzten Anstoß zu dieser Entwicklung gaben die sächsischen und thüringischen Stämme der Aunjetitzer (tschechischen) Kultur, die ihre Erzeugnisse mit den Bernsteinfunden der Ostseeküste tauschten. Durchgangsland war die Mark Brandenburg. Auf der Pfaueninsel und in Schmöckwitz fand man viele Bronzegeräte, in Lichtenrade Ringe und bronzene Schmuckscheiben unter einem Stein, wo sie drei Jahrtausende lang auf ihren Finder gewartet hatten.

Im 13. Jahrhundert v. Chr. verbreiteten sich neue Kulturen von Süden her, von der Lausitz über den Teltow nach Norden. Die Toten wurden nun mit ihrem Besitz verbrannt und die Knochenreste in einer Urne aufbewahrt. Daneben stehen Tongefäße, in denen sich wohl Speise und Trank für die lange Reise der Seele des Verstorbenen zum Jenseits befanden. Bronzegeräte gab man nicht mit ins Grab. Wir wissen nicht warum.

Im Ganzen war die Bronzezeit schon wegen des warmen, trockenen Klimas eine glückliche Epoche für die Menschen und wohl auch eine reiche, wie die zahlreichen Schmuckfunde zu beweisen scheinen. Wer Zeit hat, Schmuck anzufertigen, braucht nicht um die tägliche Nahrung zu kämpfen.

War es das rauher und feuchter werdende Klima, das im ersten Jahrtausend v. Chr. Völker aus dem Norden nach Süden zog? Die Germanen kamen, die in der Folgezeit in unserer Heimat seßhaft wurden. Gleichzeitig drang von Süden her ein neues Metall zu uns, das die Stämme vom Handel unabhängig machte: das Eisen. Nicht länger brauchte der Schmied den Rohstoff vom Händler teuer zu kaufen. Raseneisenstein gab es unter der Pflanzendecke feuchter Wiesen an vielen Stellen. Schnell erkannte man den Vorteil dieses Metalls, die größere Härte, besser geeignet für Waffen als die weiche Bronze.

Viele Ansiedlungen in den Flußtälern mußten in der Eisenzeit aufgegeben werden. Dort breiteten sich Sümpfe und unzugängliche Auenwälder aus. Die Menschen zogen sich auch im Teltow auf die Anhöhen zurück.

Während in den nördlichen Teilen der Mark die Lebensweise unverändert bleibt, wird der Süden, mit dem Teltow, von den Kelten beeinflußt, einem hochentwickelten Volk mit starkem Kunstempfinden und technischem Sinn, wie Funde von Gefäßen in Britz beweisen, die auf der Drehscheibe gearbeitet wurden, eine absolute Neuerung jener

Epoche. Ähnlich Kunstfertiges findet sich nur in Bayern und Böhmen.

Seit dem 1. Jahrhundert v. Chr. sind wir nicht länger nur auf die stummen Zeugen der Frühzeit, die Funde von Waffen, Schmuck und Gebrauchsgegenständen, angewiesen. Jetzt erfahren wir aus Aufzeichnungen römischer Historiker mehr über die Lebensweise der germanischen Stämme, auch jener zwischen Elbe und Oder.

Wenn wir auch wissen, daß die römische Kultur der germanischen weit überlegen war, müssen wir doch auch berücksichtigen, daß die römischen Historiker nicht in Germanien selbst recherchierten, sondern sich auf mündliche Berichte verließen, die nicht frei von phantastischen Zusätzen und Übertreibungen waren, wie man unschwer bei Tacitus erkennen kann.

Sicher ist, daß die Mark Brandenburg anfangs von Semnonen besiedelt war, die allmählich von den Burgunden abgelöst wurden, die aus dem Gebiet östlich der Oder westwärts vordrangen und den Berliner Raum um 200 nach Chr. erreichten. Im 4. Jahrhundert verließen auch die Burgunden die Mark und zogen nach Westen. Es war die Zeit der Völkerwanderung.

In jenen Jahrhunderten brachten Händler römische Münzen zu den Germanen, wohl nicht als Zahlungsmittel, sondern als bewundertes Tauschobjekt einer überlegenen Kultur.

Von der Lebensweise der Germanen gewannen die Archäologen ein recht genaues Bild durch Ausgrabungen in Neukölln, die 1962 bei der Anlage einer Stützmauer Küchenabfälle zu Tage förderten, die in einen Tümpel geworfen worden waren. Weiter grabend stieß man auf Herdstellen von Häusern, Brunnen und Kalkbrennöfen. Kalk wurde von den Germanen zum Weißen ihrer Hauswände aus Flechtwerk benutzt, was vor den Einflüssen der Witterung schützte. Allerdings mußte der Anstrich wohl fast jedes Jahr erneuert werden. Entsprechend groß war der Bedarf an Kalk.

In Rudow fand man Reste germanischer Gehöfte, die aus bis zu 30 m langen Wohn-Stall-Häusern, Speichern und Spinnhäusern bestanden. In den Langhäusern lebten Tier und Mensch unter einem Dach, wie später noch im Friesenhaus. Die kalte Witterung der Zeit mag den Ausschlag für diese Bauweise gegeben haben.

Die Germanen zogen im 5. und 6. Jahrhundert n. Chr. ab. Wie stets in der Geschichte der Menschheit lockte die höherstehende – römische – Kultur die umliegenden Völker an, am Wohlstand und Reichtum teilzuhaben. Hinzu kam die Ungunst des Klimas in Germanien, wo es kühl und feucht war. Licht und Sonne übten schon immer eine magnetische Anziehungskraft auf die Menschen aus.

Jedoch sind offenbar nicht alle Germanen abgezogen. Waren es die Alten, die blieben, die Unbeweglichen, Seßhaften, Konservativen? Wir können es nur vermuten.

In das fast leere Land sickerten von Osten her Volksstämme nach, die eine andere Sprache hatten. Dennoch müssen sie sich mit den Germanen allmählich verständigt, sich auch nicht mit ihnen bekriegt haben; denn germanische Sagen und Vorstellungen sind über die Zeiten der Völkerwanderung gerettet worden, und das konnte nur geschehen, wenn die Landnahme der neuen Siedler friedlich erfolgte.

Die ersten Slawen, die in die Mark kamen, stammten aus dem mittleren Rußland und waren mit dem Reitervolk der Awaren gezogen, die auf den weiten Steppen Ungarns ein Reich gründeten.

Aus dem Gebiet zwischen Oder und Weichsel folgten weitere Slawen nach. Die wenigen zurückgebliebenen Germanen verschmolzen allmählich mit ihnen.

Auf dem Teltow schoben sich die Slawen von Südosten, aus der Lausitz, vor, wo ihre Nachkommen bis heute im Spreewald geschlossen siedeln. Sie ließen sich hauptsächlich an Dahme und Nuthe, aber auch in der südlichen Hälfte der Hochfläche des Teltow nieder. Neben Ackerbau und Viehzucht betrieben sie viel Fischfang und Waldbienenzucht. Die blieb ihre Domäne bis ins Mittelalter.

Die Dörfer der Slawen waren klein und umfaßten kaum mehr als ein Dutzend Familien. Damals mögen im Durchschnitt fünf Menschen auf einem Quadratkilometer gelebt haben.

Das Gerät der Slawen und ihre Töpferkünste bedeuteten einen Rückschritt gegenüber dem Kulturstand der Germanen. Von Westen, aus dem Frankenland, verbreiteten sich allmählich bessere Fertigkeiten und Kenntnisse.

Von der Verbreitung der Slawen zeugen am besten die Ortsnamen, die noch heute bestehen und die wir schon daran erkennen, daß ihr Sinn uns unverständlich ist.

In der mittleren Mark siedelten die slawischen Stämme der Sprewanen und Heveller, die beide zu den Wilzen gehörten.

Sie wurden von Fürsten angeführt, die ihre Herrschaft auf feste Plätze stützten, Burgen, die mit Palisaden und Erdwällen gesichert waren. Reste sind am vollständigsten in Spandau ergraben worden, aber auch in Brandenburg bezeugt. Kleinere Fluchtburgen und Burgwälle finden sich in reicher Zahl über die Mark verstreut.

Deutsche Besiedlung

Askanier – Nutheburgen

Beim Überschreiten der Nuthe – zum Beispiel bei Saarmund – käme man kaum auf die Idee, an einer wichtigen Scheide deutscher Geschichte zu stehen.

Schon frühzeitig war es das Bestreben vieler, sich von Westen aus der Gebiete in Richtung Oder und darüber hinaus zu bemächtigen. Niemand konnte ahnen, daß gerade in der damals unwirtlichen und fast unbesiedelten Mittelmark, einer Gegend aus Sumpf und Sand, einmal eine der größten europäischen Städte entstehen würde.

Entlang der Nuthe gab es bei Trebbin, Kleinbeuthen, Saarmund und Potsdam Grenzfesten, die die Übergänge über die unzulänglichen Nuthesümpfe deckten, also zum Schutz des neubesiedelten Landes angelegt wurden. Sie stammten aus der Zeit, als Slawen das Land zwischen Elbe und Oder bewohnten, bzw. aus der Zeit, als die ersten Deutschen im 12. Jahrhundert mit Albrecht dem Bären, dem Askanier, in dieses Gebiet vordrangen. An der Nuthe machte die deutsche Ostkolonisation eine Zeit lang halt.

Albrecht der Bär (ca. 1100–1170) ist 1134 mit der Nordmark belehnt worden (etwa das Gebiet der Altmark), womit er zu einem beachtenswerten Machthaber an der mittleren Elbe wurde. Sein Geschlecht stammte aus dem östlichen Harzgebiet um Ballenstedt und war durch glücklichen Erwerb von Gütern und Rechten im 11. Jahrhundert zu großem Ansehen emporgestiegen.

Der junge Albrecht strebte nach dem Tode seines Vaters Otto (1123) nach Macht und Einfluß; schon 1124 fiel er in die Lausitz ein und bemächtigte sich gewaltsam der Markgrafschaft.

1127 wurde der Hevellerfürst Meinfried in Brandenburg erschlagen; ihm folgte Pribislaw, der sich wie sein Vorgänger zum Christentum bekannte und auch schon Heinrich hieß.

Er übereignete bald danach dem ältesten Sohn Albrechts, Otto, die an das askanische Einflußgebiet angrenzende Landschaft, die Zauche, als Patengeschenk.

Bald nach dem Kreuzzug von 1147, der gegen die wendischen Heiden unternommen wurde, erhielt Albrecht das Havelland; dies führte zur Gründung der Mark Brandenburg, als deren Geburtstag der 11. Juni 1157 bezeichnet werden kann, nachdem Albrecht im Bunde mit Erzbischof Wichmann von Magdeburg nach hartnäckiger Gegenwehr und längerer Belagerung die Brandenburg wieder einnehmen konnte. Sie war zwischenzeitlich in der Hand des Hevellerfürsten Jaczo von Köpenick gewesen.

Daraufhin nahm Albrecht den Titel des Brandenburger Markgrafen an, aus dem Amtslehen wurde eine Landesherrschaft.

Die Mark Brandenburg bestand 1150 eigentlich nur aus dem Havelland und der Zauche! Das Land Jüterbog und der sogenannte Havelwinkel nordwestlich der Nordmark gingen verloren und zerfielen in einzelne kleine Besitztümer; die Verhältnisse an der Ostgrenze waren unklar, Albrechts Gegner Jaczo besaß Köpenick.

Die Grenze zwischen dem Brandenburger Herrschaftsbereich und dem slawischen mag dort gelegen haben, wo wir noch heute Reste einer breiten, unbesiedelten Waldzone östlich von Havel und Nuthe finden, bei Liebenwalde, Oranienburg, Stolpe und Tegel, in der Jungfernheide, dem Grunewald, dem Forst Düppel und der Drewitzer Parforce-Heide.

1179 fielen die Slawen auf Veranlassung Heinrichs des Löwen in das Land Jüterbog ein, dabei wurden auch die ersten Aufbauten des Klosters Zinna (seit 1170) zerstört. Seit dem Sturz Heinrichs des Löwen und seiner Verbannung 1182 herrschte Ruhe vor slawischen Einfällen, so konnten die Zisterziensermönche es wagen, das Kloster Lehnin 1180 am Ostrand der Zauche zu gründen. Die Slawen wurden nach Osten gedrängt, deutsche Ansiedler strömten nach.

Der Teltow wird wie der Barnim zwischen 1157 und 1245 gebildet worden sein, ein Ergebnis politischer Verschiebungen. Nach der Notiz der Märkischen Fürstenchronik erwarben die beiden markgräflichen Brüder Johann I. und Otto III. die terrae Barnim und Teltow von einem dominus Barnem wohl um 1230.

Nach Johannes Schultze und Wolfgang Fritze muß man diesem Datum nicht unbedingt vertrauen. Sicher ist jedoch, daß mit dem Kirchenbau auf dem Teltow im ersten Drittel des 13. Jahrhunderts begonnen wurde.

Zu Beginn des 13. Jahrhunderts müssen die Askanier die Gefahr bemerkt haben, die ihnen östlich von Havel und Nuthe von Süden her von zwei bedeutenden Herrschaftsbereichen drohte, nämlich vom Erzbistum Magdeburg und von den Wettinern.

Die Magdeburger beherrschten das Gebiet Jüterbog-Nuthe-Nieplitz; was lag näher, als von der Nuthe aus in den Teltow vorzudringen und so eine Landbrücke zum begehrten Platz an der Oder herzustellen. Die Wettiner verfügten seit 1136 über die Lausitz und drangen von dort aus nach 1157 weiter nach Norden. 1209 sind sie urkundlich im Besitz von Köpenick und ziehen weiter nach Lebus; Zossen und Teupitz gelangen zur Markgrafschaft Meißen. Die Meißener Grenze befand sich zwischen Notteniederung und Hammerfließ, nach Westen ging sie bis nach Thyrow und Genshagen. Da die Askanier um 1230 ihren Fuß auf den Teltow setzten, stießen sie möglicherweise auf der siedlungsfreien Hochfläche auf die Sachsen.

1239 sind die askanischen Markgrafen Johann I. und Otto III. in den Besitz von Mittenwalde und Köpenick gelangt.

Der Kolonisierung des Teltow ging unter Albrechts Nachfolger Otto I. die Befestigung der strategisch wichtigen Nuthe-Linie voraus. Von den alten Grenzburgen ist heute nichts mehr vorhanden, nur die Erhebungen, auf denen sie standen, sind teilweise noch deutlich zu erkennen, so bei Trebbin und Kleinbeuthen. Das ehemalige Burggelände in Saarmund wird das spätere Mühlengrundstück westlich der Nuthe gewesen sein und in Potsdam die Stelle gegenüber der Einmündung der Nuthe in die Havel. Die Sicherung der Nuthe-Linie lag im gemeinsamen Interesse des askanischen Markgrafen und des Magdeburger Erzbischofs.

Der Teltow war schon seit jeher dünn besiedelt, niemand wußte so richtig, wem er gehörte. Nicht gesichert ist, weshalb sich gerade die Askanier auf dem Teltow durchsetzen konnten; ursprünglich nahmen sie nur den ungefährdeten nordwestlichen Teil in Anspruch.

Die Kolonisten fanden zahllose Granitblöcke aus der Eiszeit vor, die als willkommenes Baumaterial dienten. Noch heute finden wir auf dem Teltow eine Anzahl schlichter Feldsteinkirchen des 13. Jahrhunderts, somit aus der Übergangszeit von Spätromanik und Gotik.

Die typische Dorfkirche dieser Zeit besitzt einen quadratischen Chor mit halbrunder Apsis, ein rechteckiges Schiff mit einem rechteckigen Westturm von gleicher Breite. Der Chor ist dem Schiff gegenüber etwas eingezogen, die Fenster sind klein und relativ hoch eingebaut.

Derartige Beispiele finden wir in Güterfelde und Stahnsdorf (mit Abwandlungen im Turm); beide Orte lagen an der Handelsstraße, die von Leipzig und Wittenberg über Saarmund auf den Teltow führte; ferner gibt es diesen Dorfkirchentyp in Groß-Ziethen und Schönefeld (verschiedene Umbauten, u.a. durch Franz Schwechten 1904/05), in Großmachnow (steiler Turmhelm seit dem Zweiten Weltkrieg nicht mehr vorhanden) und Waltersdorf. Auch Klein-Ziethen zählte dazu, der Turm wurde hier schon 1662 wegen Baufälligkeit niedergelegt, das Kirchenschiff seit 1809 als Kornkammer benutzt, bis die Kirche nach dem Zweiten Weltkrieg ganz beseitigt wurde.

Die Kirchenruine von Heinersdorf ist leider um 1955 gesprengt worden, der Turm war noch vollständig erhalten!

In dem früher zum Teltow gehörenden Teil Berlins finden sich solche Dorfkirchen auf engstem Raum in Tempelhof, Mariendorf, Marienfelde und Lankwitz.

Der Ausgangspunkt der Kolonisation des Teltow war also der Norden, der durch die Tempelritter einen festen Rückhalt bot; sie erbauten die Komturei Tempelhof gerade dort, wo das neu gewonnene Land durch die Niederung der Bäke (früher auch Telte genannt!) zum Spreetal hin nicht mehr geschützt war.

Neben dem sogenannten „alten Teltow“ nördlich der Notte gab es im Süden die beiden Herrschaften Teupitz und Zossen, letztere mit einer deutschen und einer wendischen Seite.

Zu dieser gehörten Orte im Osten wie Telz, Schöneiche und Motzen, zur deutschen Dörfer wie Sperenberg, Wünsdorf, Christinendorf, Nunsdorf, Groß Schulzendorf und Nächstneuendorf. Auffallend ist die Tatsache, daß all diese Orte keine mittelalterliche Dorfkirche haben, sondern jeweils eine aus dem 18. Jahrhundert, wobei Telz und Nächstneuendorf keine Kirche besitzen.

Die deutsche Seite umfaßte die fruchtbaren Geschiebemergelinseln im westlichen Teil, die wendische die mit Kiefernwaldungen bestandenen Sandflächen im östlichen; der Unterschied in der Art der Besiedlung ist also in der Natur des Landes begründet. Die Herrschaft Teupitz gehörte anfänglich wie Zossen zur Lausitz, seit 1350 war der Schenk von Landsberg der Besitzer, der sie 1431 dem Schutze des Kurfürsten von Brandenburg unterstellte. Die erste Teltow-Stadt, auf die urkundlich Bezug genommen wurde, war Cölln 1237. Im Landbuch Kaiser Karl IV. von 1375 wird Cölln als Stadt des Teltow bezeichnet.

Die wohl älteste in Urschrift erhaltene Urkunde des Teltow betrifft Schöneberg. Markgraf Otto III. schenkte 1264 den Nonnen des Klosters Spandau fünf Hufen im Dorfe Schöneberg (in villa Sconenberg) „zu ewige Besitze“.

Gegen Ende der Regierung der Markgrafen Johann und Otto um 1267 war der Teltow kein Grenzland mehr, sondern in die Mitte der askanischen Marken gerückt. Deutsche Bauernhöfe entstanden fortlaufend, die Slawen bewohnten lediglich noch 3–4 Kietze und einige Orte wie Wendisch-Wilmersdorf.

Nach dem Aussterben der Askanier 1320 gab es große Rückschläge, Recht und Ordnung waren nicht mehr gewährleistet, die Quitzows entfalteten sich, Städte und Adel stellten Forderungen. Des Wirrwarrs wurde erst wieder der erste Hohenzoller, Friedrich I., Herr. Er nahm teilweise durch Belagerungen die alten Grenzburgen ein, die nun ihre

Rolle als Trutzburgen zur Sperrung der Fahrstraßen oder als Zufluchtsorte endgültig ausgespielt hatten. Man hatte sie dort angelegt, wo sich das feste Land am weitesten in das Sumpfgelände vorschob.

Zwischen Gröben und Großbeuthen am östlichen Ufer der Nuthe nahe Kleinbeuthen ist von der ehemaligen Burganlage nur noch ein „Hügel“ (Höhe ca. 3 m) von etwa 100 qm Fläche übriggeblieben. Anfang des Jahrhunderts sollen noch Mauerreste vorhanden gewesen sein. Im August 1813 kurz vor der Schlacht von Großbeeren wurde sie zerstört, als sie der preußischen Artillerie als Deckung bei der Sicherung des Nutheüberganges dienen sollte.

Ungeklärt bleibt, ob die Burgen slawischen oder deutschen Ursprungs sind. Bei der Burg Beuthen nimmt man an, daß Slawen die Begründer waren.

Fontane schreibt im „Spreeland“ seiner Wanderungen:

„... jenseits aber die stillen Dörfer des Teltow und diesseits die stilleren Berge der Zauche. ... an diesem Wasserlauf entlang lagen also die Nutheburgen! Und er nehme dies Bild und diese Vorstellung in Dankbarkeit mit heim. Aber er hüte sich, auf weitere Forschungen und Entdeckungen ausziehen zu wollen. Die Nutheburgen necken ihn nur und sind wie die Fata Morgana dieser Zauchewüste. Wenn er sie zu haben glaubt, hört er den Mittagsgeist lachen, das Bild zerrinnt und die Nutheburgen sind ihm ferner denn zuvor.“

Interessant, daß vom 13. Jahrhundert an bis um 1750 keine neuen Teltowortschaften entstanden sind! Dann erst gab es unter Friedrich II. zahlreiche Neugründungen, Kolonistendörfer, die vor allem aus wirtschaftlichen Interessen entstanden sind (Müggelheim, Philippsthal, Johannisthal, Nowawes, Grünau, Adlershof). Hierüber gibt es ausführliche Aufzeichnungen, doch aus der Zeit der ersten deutschen Kolonisation auf dem Teltow sind die Informationen leider nur äußerst spärlich.

Denkmale der Technik

Teeröfen – Mühlen – Telegrafie – Landvermessung – Sendeanlagen

Zu allen Zeiten hat der Mensch versucht, mit technischen Mitteln Arbeit zu sparen, die Natur zu überlisten, und sein Erfindungsreichtum hebt ihn vom Tiere ab. Schon früh gelang es ihm, Naturkräfte in seinen Dienst zu stellen. Er zähmte das Feuer, lenkte das Wasser über Mühlräder, die vielerlei Arbeit verrichteten, fing selbst den Wind ein und ließ ihn für sich schaffen. Um Entfernungen zu überbrücken, baute er Straßen, maß die Distanzen und bezeichnete sie. Was im Gestein, im Holz, ja im Erdreich selbst zu gewinnen war, fand er heraus und nutzte es.

Erinnerungen an die Technik der letzten tausend Jahre sind meist noch in Namen verborgen. Die Zeugen der Zeit, die Brücken, Mühlen und Meilensteine sind meist Erneuerungen zum Opfer gefallen. Manche findet man in Museen.

Albrechts Teerofen – der Name lenkt uns auf die Spur einer alten Technik, die bis ins 19. Jahrhundert große Bedeutung hatte. Die Siedlung am Teltowkanal war vor dem Zweiten Weltkrieg ein beliebtes Ausflugsziel. Bis zur Machnower Schleuse fuhr man mit der Straßenbahn 96 und wanderte dann durch das liebliche Tal der Bäke, deren verbreitertes Bett der Teltowkanal nutzt. Sie hieß noch im 18. Jahrhundert Telte, und es ist zu vermuten, daß sie der Stadt und dem Landkreis Teltow den Namen gab. In der Telte versenkte Hans Kohlhase das geraubte Silber, dort, wo kurz vor der Mündung des Flüßchens eine Brücke stand. Kohlhasenbrück entwickelte sich hier. Es erinnert mit seinem Namen an den in seinem Gerechtigkeitssinn gekränkten Kaufmann, der sich im 16. Jahrhundert selbst zum Richter aufschwang und auf seinem Rachefeldzug neues Unrecht schuf. Heinrich von Kleist hat 1810 die Überlieferung dichterisch genutzt.

Die Siedlung Albrechts Teerofen entstand an der Stelle, wo der Teerbrenner Joachim Albrecht nach dem Dreißigjährigen Krieg einen Ofen errichtet hatte, der 1680 urkundlich bezeugt wird; noch nicht 1652, als der kurfürstliche Landreiter die Besitzverhältnisse in den Orten aufnahm, um eine Grundlage für die Besteuerung zu schaffen. Die Lage des Ofens wurde mit Kohlhasenbrück angegeben.

1681 wird bezeugt, daß der aus Holland zugewanderte Brauer Cornelis Ruyggins, der in Klein-Glienicke Bier braute, den Gerstensaft auch nach Kohlhasenbrück liefern durfte.

Durst genug dürften die Teerknechte, die dort arbeiteten, gehabt haben; denn sie plagten sich wahrhaftig im Schweiße ihres Angesichts. Wochenlang hatten sie im Kiefernwald hauptsächlich Stubben und minderwertiges Holz zusammengetragen und zerkleinert. Das wasserreiche äußere Splintholz wurde von den Stämmen abgeschält und später zum Befeuern des Teerofens verwendet. Das kienige, harzreiche Holz aber wurde in kleine Stücke gespalten. Nun konnte der Teerofen gefüllt werden.

Etwa eintausend Ziegelsteine brauchte man, um ihn zu mauern. Er verjüngte sich zuckerhutförmig und ragte bis zu sieben Metern auf. Der Durchmesser betrug unten ca. vier Meter. Der Innenraum des Ofens wurde durch zwei in unterschiedlicher Höhe angebrachte Öffnungen mit dem kienigen Holz beschickt. Zehn Festmeter waren notwendig. Etwas weiter als bis zur halben Höhe wurde der Ofen mit einem Mantel ummauert, der oben mit Zuglöchern versehen war. Dieser Feuerungsraum war über eine halbkreisförmige Öffnung zugänglich, vor der sich die überdachte Schwelhütte befand. Hier hielten sich die Teerknechte vier bis fünf Tage lang auf, legten ununterbrochen Feuerholz nach und überwachten den Schwelbrand.

Bevor der Brand beginnen konnte, wurden die Beschickungslöcher zugemauert. Nachdem das kienige Holz durch die heiße Luft, die den Innenraum umspielte, zwei Tage lang erhitzt worden war, begann es, unbrauchbares, schmutziges, öliges Wasser abzusondern, das sich in der vertieften Mitte am Boden des Ofens sammelte und durch eine gemauerte Röhre schräg nach außen in den offenen Grundtrog abfloß, wo es mit Eimern abgeschöpft wurde. Ihm folgte gelbliches Harz, das abseits in einer kupfernen Destillierblase erhitzt wurde, worauf helles, klares Kienöl abtropfte. Zurück blieb gelbes Pech. Als nächstes entwich dem Ofen zähflüssiger roter Teer und schließlich dunkelbrauner, sogenannter schwarzer Teer, der eimerweise in bis zu zehn Meter lange ausgehöhlte Baumstämme gegossen, im zylindrischen kupfernen Pechkessel eingekocht und als zähflüssige Masse in Fässer gefüllt wurde. Dort erkaltete er.

Im Ofen blieb das von allen Destillaten befreite verschwelte Holz zurück: die Holzkohle.

Die gewonnenen Produkte wurden an Händler verkauft und in Wagen weiterbefördert. In Kähnen gelangten sie über Hamburg bis nach England, Holland und Frankreich. Starke Konkurrenten waren Schweden und Rußland.

Das Kienöl wurde zur Herstellung von Farben, in Druckereien und zum Einreiben des Viehs gegen Krankheiten benutzt. Mit dem Teer

Ein Teerofen um 1800

tränkten die Fischer ihre Netze, was sie nicht nur haltbarer machte, sondern angeblich durch den starken Geruch auch die Fische anlockte. Jeder Fuhrmann hatte einen Eimer Teer unter seinem Wagen baumeln, um von Zeit zu Zeit die hölzernen Achsen zu schmieren. „Wer gut schmeert, der gut fährt", hieß es nicht umsonst. Pech wurde zum Dichten von Fugen gebraucht, vor allem im Schiffsbau. Holzkohle benötigte der Schmied – aber auch das Hammerwerk – wegen der großen Hitze, die damit erzeugt werden konnte.

Ein Teerofen war solange in Betrieb, bis das Holz in der Umgebung aufgebraucht war. Der Teerbrenner mußte sich hüten, wertvolles Bauholz anzugreifen. Ihm gehörte lediglich das minderwertige Material.

Schon von weitem erkannte man, wenn ein Teerofen in Betrieb war, an der weißen Wolke, die ihm entströmte, Sie entwich aus dem Rauchloch, das geöffnet wurde, sobald die Hitze den Ofen zu sprengen drohte.

Der Teerbrenner und seine Knechte hatten ein schweres und schmutziges Handwerk, ähnlich dem Köhler, der jedoch den Meiler nicht ummauerte, sondern lediglich mit Erde zudeckte.

Die Teerbrennerei war in der Mark Brandenburg seit dem Mittelalter verbreitet. Kein Teerbrenner arbeitete auf eigene Rechnung; denn die Wälder gehörten dem Kurfürsten. Nach dem Dreißigjährigen Krieg wurde es üblich, Pachtverträge mit den Teerbrennern abzuschließen, die sich zu einer bestimmten Anzahl jährlicher Brände verpflichteten.

Der Teerschweler Martin Semmler, der aus Baruth in Sachsen zugewandert war, verpflichtete sich 1725, seinen Ofen in Staakow vierundzwanzigmal im Jahr in Betrieb zu setzten, eine außerordentlich hohe Zahl, blieben ihm doch zur Vorbereitung eines Brandes damit nur knapp zwei Wochen. Er hätte viele Knechte haben müssen, um diese Termine einhalten zu können. Jährlich zahlte er 72 Taler an das Amt Teupitz, gleich, ob er die Anzahl der Brände erreichte oder nicht. Teer hatte damals einen niedrigen Preis. So mußte sich Semmler den schlechten Bedingungen fügen. Er hatte außerdem an den Heidereiter (Förster) anteilig für jeden Taler drei Groschen Stammgeld zu zahlen. Wie zu erwarten, konnte Semmler den Vertrag nicht erfüllen. Nach langen Verhandlungen mit dem Amt Teupitz mußte er nur noch 12 Brände jährlich durchführen.

Ebenso viele Brände schaffte der Teerschweler Bergemann 1779 in Schöneweide, Teerbrenner Müller in Fern-Neuendorf zehn, Grasnick am Müggelsee sogar nur drei.

Nicht selten geschah es, daß Teeröfen durch Überhitzung rissen, so in Schulzendorf bei Trebbin 1719 und 1721.

König Friedrich Wilhelm I. erließ am 25. April 1724 ein Edikt gegen das boshafte Sprengen von Teeröfen, das angeblich von in Schulden geratenen Teerschwelern oder neidischen Konkurrenten verursacht wurde, indem dem Holz Schießpulver beigegeben wurde. Der König setzte eine Belohnung von 10–20 Talern für diejenigen aus, die einen Übeltäter namhaft machen konnten.

Im 18. Jahrhundert wurde das Holz allmählich knapp. Das wäre schon früher geschehen, wenn nicht der Dreißigjährige Krieg dem Walde eine Erholungspause gebracht hätte. Friedrich der Große führte die planmäßige Forstwirtschaft ein, die den Raubbau im Walde beendete. Die Teeröfen fanden nun kaum noch Pächter. Im 19. Jahrhundert gelang es, Teer aus Steinkohle zu gewinnen. Die Fuhrleute wurden von der Eisenbahn verdrängt. Petroleum löste das Kienöl als Brennstoff in Lampen ab.

Der Teerofen Kohlhasenbrück arbeitete schon 1783 nicht mehr.

1805 gab es am Griebnitzsee nahe der Straße nach Berlin einen Krug.

Das Geschlecht der Albrechts blieb der Teerbrennerei und dem Teerhandel treu. Martin Albrecht betrieb 1701 den Ofen zu Caputh. 1765 hielt ein Albrecht den Hennigsdorfer Ofen in Betrieb, 1834 noch ein anderes Mitglied der Sippe den Ofen in Schöneweide. Christian Albrecht handelte 1804 in Barsdorf bei Bernau mit Teer.

Die Entwicklung der Mühlen begann, sobald die Bauern der Jungsteinzeit Korn anbauten. Sie brauchten Reibesteine, um die reifen Körner zu Mehl zu mahlen. Manche Völker in den Entwicklungsländern bedienen sich heute noch dieser uralten Technik, zu der ein muldenförmiger Stein als Unterlage und ein gut in der Hand liegender Mahlstein erforderlich sind. In Schulzendorf bei Eichwalde wurde ein vorgeschichtlicher Mahlstein gefunden.

Aus diesen Anfängen entwickelten sich Mörser, wie sie schon vor Jahrtausenden in Vorderasien benutzt wurden, und daraus die Handmühlen.

Die Römer kannten schon 500 v. Chr. größere Mühlen. Ähnliche Handmühlen aus der Wendenzeit wurden im Teltow gefunden.

Sobald der Mensch das Pferd als Arbeitstier einsetzte – die Germanen erachteten es als zu edel dafür – gab es Göpelwerke, Achsen, die mit Deichseln verbunden und von Pferden gedreht wurden. Solche Roßmühlen gab es noch in unserem Jahrhundert.

Die Araber sollen die Windmühle erfunden haben. In der Mark Brandenburg ist sie schon um 1300 nachgewiesen. Das Landbuch Kaiser Karl IV. von 1375 nennt im Teltow 30 Mühlen. Darunter dürften einige Windmühlen gewesen sein.

Die kleinere, die Bockwindmühle, kann mit dem langen Sterz, einer Art Drehhebel, auf dem Bock nach dem Winde gedreht werden. Bei der Holländer Mühle dreht sich das haubenförmige Dach. Diese Erfindung geht wohl auf Leonardo da Vinci zurück, der sie als erster gezeichnet hat. Gebaut wurde sie anscheinend in Flandern seit der Mitte des 16. Jahrhunderts.

Eine Mühle durfte im Mittelalter nur mit Genehmigung des Landesherrn betrieben werden, der dieses Recht genau so verkaufte wie Grund und Boden, die ihm ursprünglich vollständig gehörten. Der Müller mußte eine Steuer zahlen, deren Höhe sich nach dem Ertrag der Mühle richtete. Gewerbefreiheit war im Mittelalter unbekannt. Jeder Bauer mußte das Korn in einer bestimmten Mühle mahlen lassen. Es herrschte Mahlzwang.

In dieser Wirtschaftsform hatte der Müller eine starke Stellung und bemühte sich, seinen Gewinn zu mehren, wozu er auch falsche Maße benutzte oder sogenannte Diebslöcher in das Mahlwerk einbaute, durch die das Mehl in seine eigenen Säcke fiel. Um den gröbsten Betrug zu verhindern, benutzten Bauer und Müller bei der Abrechnung der Mahlleistung Kerbhölzer. Zwei gleichlange wurden bei der Übergabe der Kornsäcke an den Müller nebeneinandergelegt und nach Anzahl der Säcke mit Kerben versehen. Wenn der Bauer das Mehl abholte, wurde die entsprechende Anzahl der Mehlsäcke eingeritzt. Beide Parteien behielten ihr Kerbholz zum Beweis der ordnungsgemäßen Abrechnung.

Der Beruf des Müllers zählte im Mittelalter zu den unehrlichen, d. h. unehrenhaften, nicht nur wegen des Diebstahlverdachtes, sondern auch, weil viele Wassermühlen in tiefen, unheimlichen Gründen lagen. Viele Menschen meinten, die Müller stünden mit dem Teufel im Bunde und hätten magische Kräfte. Henker, Abdecker, Hirten und Leineweber standen im gleichen Geruch.

Kein Wunder, daß sich die Sage mit den Müllern beschäftigt. Müller Pumphut war in der ganzen Mark bekannt. Seine Windmühle soll auf dem Babertsberge im Babelsberger Park gestanden haben. Um 1840 brannte sie ab.

Pumphut war ein Tausendsassa und beherrschte allerlei Zauberkünste. Nach einem Streit mit seinem Meister versetzte er die Mahlsteine auf das Dach der Mühle, wo sie sich munter drehten. Einmal bat ihn die Müllerin, Kleinholz zu machen. Kaum hatte sie den Wunsch ausgesprochen, da lagen Kammrad und Getriebe der Mühle in Stükken vor ihr. „Da ist das Kleinholz", meinte Pumphut lakonisch.

Als er in einer Mühle geholfen hatte und kein Essen erhielt, lud er sich einen Mahlstein auf die Schulter und ging damit zum Dorfkrug, um zu frühstücken. Erst nach vielem Bitten und Flehen brachte er den Stein zurück und wurde zum Dank vom Müller reich bewirtet.

Nach Einführung der Gewerbefreiheit durch die preußischen Reformgesetze von 1810 ging es mit vielen Mühlen bergab. Zu zahlreich wurde die Konkurrenz, bei der am Ende nur noch die größten und modernsten, mit Maschinenkraft betriebenen Mühlen bestehen konnten.

Beispielhaft für das Schicksal der Mühlen sind die drei von Kleinmachnow. Es waren Wassermühlen, die um 1800 zwischen Kleinmachnow und dem Griebnitzsee von der Bäke angetrieben wurden: die kleine Mittelmühle mit einem Gang, die Wassermühle in Kleinmachnow selbst und an der Mündung der Bäke in den Griebnitzsee eine Walkmühle für die Potsdamer Tuchmacher.

Kleinmachnow, Stahnsdorf und Heinersdorf gehörten damals dem Adligen Wilhelm von Hake, der sich infolge einer reichen Heirat in bester Vermögenslage befand.

Um 1800 erbaute der Geheime Oberbaurat David Gilly, Lehrmeister Schinkels und Vater des früh verstorbenen Friedrich Gilly, der

Eine der vier ehemaligen Windmühlen, hier in der Potsdamer Straße.
Reste der letzten Teltower Windmühle an der Mahlower Straße.

mit Schinkel befreundet war, dem Gutsbesitzer von Kleinmachnow ein schlicht gehaltenes, jedoch vorzüglich ausgestattetes Herrenhaus am Ufer der Bäke. Nun sollte eine Holländische Windmühle auf die alte Wassermühle gesetzt werden. Die benachbarten Mühlenmeister wehrten sich gegen den Plan, vielleicht weil er ihnen unheimlich und kurios vorkam. Landrat Hake auf Genshagen beraumte einen Verhandlungstermin an, um über das Projekt zu entscheiden. Der Gutsherr von Kleinmachnow erläuterte, wozu er eine Doppelmühle benötigte. Er wollte den Mühlenbetrieb das ganze Jahr hindurch garantiert haben, wobei sich die Windmühle, die bei Flaute ausfiel, und die Wassermühle, die in frostigen Wintern und trockenen Sommern ausfiel, gegenseitig ergänzen sollten. Die Mühlen sollten nicht nur das Mahlwerk, sondern auch eine Wasserpumpe betreiben, die Haus und Garten mit fließendem Wasser versorgte. Der Landrat ließ sich überzeugen und genehmigte den Bau der Windmühle, mit der Hake jedoch den umliegenden Mühlen keine Konkurrenz machen sollte.

Bald hatte der Gutsherr von Kleinmachnow neue Pläne. Er wollte den Torf im unteren Bäketal abbauen lassen, wozu der Wasserspiegel des Flüßchens gesenkt werden mußte. Um das zu erreichen, ließ er die Walkmühle am Griebnitzsee mit ihrem Wasserstau abreißen, mußte aber den Potsdamer Tuchmachern, damit sie weiter ihrem Gewerbe nachgehen konnten, an der Glienicker Brücke eine Windwalkmühle bauen, was ihn 10.000 Taler kostete und trotzdem vergeblich war; denn der zum Walken erforderliche gleichmäßige Gang der Mühle konnte nicht erreicht werden.

Den Tuchmachern wurde daraufhin die Kleinmachnower Mittelmühle zum Walken zugewiesen. Der Stau der Mühle überschwemmte jedoch die Äcker der Teltower. Es kam zum erbitterten Streit, der solange anhielt, bis der Geheime Kabinettsrat Beyme, Besitzer des Gutes Steglitz, die Mittelmühle erwarb und sie abreißen ließ, um seinen an der Bäke oberhalb der Mühle gelegenen Besitz besser bewirtschaften zu können. Die Teltower waren's zufrieden. Die Potsdamer Tuchmacher sollten nunmehr in der Machnower Wasser- und Windmühle walken.

Im Napoleonischen Krieg richteten die Franzosen in der Mühle solchen Schaden an, daß der Gutsbesitzer Hake Konkurs anmelden mußte. Die Gläubiger hielten sich an seinem Torfbruch schadlos. Der Familie blieb nichts außer dem alten Lehenstitel auf das Gut. Wilhelm von Hake starb 1835. Seinen Söhnen gelang es erst 1858, das Gut wieder selbst zu bewirtschaften und die Mühle wieder herzurichten. 1862 wurde sie auf Dampfkraft umgestellt. Zwei Jahre später

Paltrockmühle in Saalow 1992.

vernichtete ein Brand in der Mühle die Dampfmaschine. Fortan drehte sich das Mühlrad wieder durch Wasserkraft wie in alten Zeiten. So ging das noch vierzig Jahre fort. Mit dem Bau des Teltowkanals (1901–1906) geriet die Mühle aufs Trockene und blieb nur noch als Denkmal vergangener Zeiten stehen.

Nicht selten bemächtigte sich das Militär einer Erfindung, bevor sie im zivilen Bereich ausgewertet wurde. So war es auch in der Telegrafie. Zur napoleonichen Zeit gab es in Frankreich optische Telegrafen, bei denen Signalarme an einem Mast durch verschiedene Stellungen Buchstaben anzeigten, die mit Fernrohren von der nächsten Station aus abgelesen und weitergegeben wurden.

Der Geheime Postrat Pistor in Preußen nahm sich der Sache an und faßte Verbesserungsvorschläge für den optischen Telegrafen in einer Denkschrift zusammen, die er an die Regierung richtete. Niemand schien sich dafür zu interessieren, mit Ausnahme eines Militärs, des Majors O'Etzel vom Großen Generalstab. Er erwirkte die Einrichtung einer optischen Telegrafenlinie von Berlin nach Koblenz. Die Strecke Berlin—Magdeburg sollte zuerst eingerichtet werden und als Versuchslinie für das ganze Unternehmen dienen.

Ausgangspunkt war ein Telegraf auf der alten Sternwarte in der

Berliner Dorotheenstraße. Den nächsten Holzmast befestigte man auf dem Dach der Dahlemer Kirche. Er ragte mehr als neun Meter in die Luft und mußte mit Spanndrähten gesichert werden, die zugleich als Blitzableiter dienten. Jeder Mast trug sechs je 1,60 m lange Signalarme in drei verschiedenen Höhen. Von Dahlem aus schaute man zum Schäferberg hinüber, wo sich der nächste Telegraf befand. Von dort wurde zu einem der beiden Brauhausberge bei Potsdam telegrafiert, dem späteren Telegrafenberg.

Im Herbst 1833 konnte der Betrieb auf der Teilstrecke Berlin—Magdeburg mit 13 Stationen aufgenommen werden. Die technische Einrichtung hatte Geheimrat Pistor besorgt. 1834 erreichte man mit dem Bau der 60. Station die Festung Ehrenbreitstein in Koblenz. Das dazwischenliegende Ausland mußte um Duldung der Telegrafenlinie gebeten werden; denn Preußen umfaßte kein geschlossenes Gebiet, und Deutschland war in viele Staaten zersplittert.

Ein Telegramm brauchte von Berlin nach Koblenz eine halbe Stunde. Die Linie stand jedoch nur dem Militär und staatlichen Stellen zur Verfügung, die ihre Nachrichten natürlich verschlüsselten. 1849 wurde der optische Telegraf von einer elektrischen Telegrafenlinie abgelöst.

Die Landvermessung, die in Preußen seit 1840 systematisch erfolgte, diente zuallererst dem Militär, das auf zuverlässigen und genauen Karten bestand. Bei der Vermessung ging man von Dreiecken aus. Im Teltow war die Basislinie die Chaussee von Mariendorf nach Lichtenrade. Die Kirchtürme von Buckow und Marienfelde bildeten die nächsten Vermessungspunkte. Weitere befanden sich auf dem Rauhen Berg bei Südende, bei Ziethen, auf den Müggelbergen und bei Saarmund. Im Süden richtete man die Meßpunkte in Kolberg am Wolziger See, auf dem Glienicker Weinberg, dem Hagelsberg bei Belzig und auf dem Hohen Golm ein.

In der Mitte des geodätischen Systems lag die Station Glienicke. Von hier aus begann Oberst Baeyer, ein gebürtiger Teltower und späterer Begründer des Geodätischen Institutes, wo er die europäische Gradmessung einführte, Mitte Juli 1845 die Messungen. Der Glienicker Weinberg bot die nötige Übersicht. Die Meßpunkte wurden im Boden mit eingekerbten Kreuzen auf Bleiplatten festgelegt. Der Abstand zur Erdmitte wurde in Klaftern angegeben. Ein vierzig Meter hohes Vermessungsgerüst, das zu weiteren Messungen im Laufe des vorigen Jahrhunderts gebraucht wurde, stand noch lange auf dem Glienicker Weinberg. Heute erinnert ein „Gedenkstein“ mit erklärender Schrifttafel auf der Mathildenhöhe am Teltowkanal in Mariendorf an diesen Ausgangspunkt der Landvermessung.

Die Sendeanlage in Königs Wusterhausen war zuerst eine Militärfunkstation. Nach dem Ersten Weltkrieg entwickelte sich daraus eine zivile Funkstation, über die Telegramme nach allen Teilen Europas geschickt werden konnten. Die Empfangsstation befand sich seit 1921 in Zehlendorf, die Zentrale im Berliner Telegrafenamt.

In Königs Wusterhausen begann im September 1920 der deutsche Rundfunk mit Unterhaltungssendungen für Millionen. Sonntags wurden von hier aus Mittagskonzerte des Deutschlandsenders verbreitet. 1927/28 errichtete man zwei neue 210 m hohe Sendemaste. Heute wird nur noch einer der hohen Türme benötigt.

Das erste eigene Elektrizitätswerk des Kreises Teltow stand in Schönow. 1910 pachteten die Berliner Vorort-Elektrizitätswerke das Werk Schönow bis 1938. Die Berliner Elektrizitätswerke versorgten alle östlich der Trebbiner Bahn gelegenen Gemeinden, die Deutsche Continental-Gas-Gesellschaft Dessau belieferte alle westlich davon gelegenen Orte. Potsdam bediente Nowawes.

1929 wurden die Teltower Kreiswerke gegründet, die sich darum bemühten, die Rechte der verschiedenen Gesellschaften im Kreise zu übernehmen. Die Gemeindegaswerke in Eichwalde und Zeuthen wurden stillgelegt, das Gaswerk Zossen wurde eingegliedert. Die Gesellschaft, an der der Kreis zur Hälfte beteiligt war, stockte 1938 ihr Kapital auf 11 Millionen Reichsmark auf.

Der Teltow im Mittelalter

Die Städte – Die Dörfer – Die Herrschaften Zossen und Teupitz – Niedergang im 14. Jahrhundert – Kalandsbrüder

Ob die Menschen im Mittelalter glücklicher waren als heute, wissen wir nicht. Ihre Nöte waren alles in allem ähnlich: Kriegszüge verheerten die Mark in kurzen Abständen. Der Landfrieden war unsicherer; Straßenraub, Mord und Totschlag waren häufig. Steuern und Abgaben belasteten die Ärmeren stark. Seuchen wie die Pest entvölkerten ganze Landstriche. Brände breiteten sich in den Städten rasend schnell aus und vernichteten im Laufe der Jahrhunderte etliche mehrmals völlig.

Spärlich sind die Nachrichten aus der Zeit vor 1500, als der Buchdruck noch nicht erfunden war und die Schreiber in den Klöstern und Städten mühsam Buchstaben um Buchstaben auf das Pergament setzten. Meist schrieben sie Urkunden. Zusammenhängende Darstellungen sind selten. So sind wir auf Vergleiche und Kombinationen angewiesen, wenn wir uns ein Bild jener fernen Tage malen wollen.

Die großen Herren, von denen er abhängig war, bekam der gemeine Mann kaum zu Gesicht. Der deutsche Kaiser war eine sagenhafte Gestalt in unerreichbarer Ferne, der Markgraf bald hier, bald dort, in den Burgen und Schlössern, für längere Zeit in Tangermünde, später in Berlin-Cölln, der Doppelstadt an der Spree.

Gegenwärtig und greifbar waren die Ratsmänner in den Städten, die Schöffen, die adligen Gutsbesitzer und die Vögte des Markgrafen auf dem Lande. Auch den Landreiter, einen markgräflichen Beamten, der gleichsam als Polizist und Gerichtsvollzieher einen Kreis zu betreuen hatte, sah er ab und an.

Ansonsten gestaltete sich das Jahr im Rhytmus der Landwirtschaft und der kirchlichen Feste, auch in den kleinen Städten des Teltow, wo vorwiegend Ackerbürger wohnten.

Wie zu allen Zeiten hing das Wohl und Wehe des Volkes stark vom Charakter und Geschick der Herrschenden ab. Die beiden glücklichen Brüder Johann und Otto schöpften ihre Möglichkeiten als Landesfürsten voll zum Besten des Landes aus. 38 Jahre lang regierten sie gemeinsam die Mark und mehrten die Macht und den Einfluß Brandenburgs nach allen Seiten. Im Teltow dehnten sie ihren Herrschaftsbereich weiter östlich bis nach Köpenick und Mittenwalde aus, die vom Bischof von Meißen als Teil der Lausitz beansprucht wurden. Nachdem sich der Erzbischof von Magdeburg und der Papst beide in diesem Streit als parteiisch erwiesen hatten, fochten die beiden Brüder mit großem Geschick gegen die Magdeburger und die Meißener. Diese richteten zwar große Verwüstungen in der Mark an, mußten letztlich aber Köpenick und Mittenwalde den askanischen Markgrafen überlassen. 1245 kam es zum Frieden, vermutlich unter Vermittlung König Wenzels von Böhmen, der Markgraf Otto und Heinrich von Meißen zu Schwiegersöhnen hatte.

Die markgräflichen Brüder betätigten sich in großem Umfange als Städtegründer. In Mittenwalde war an der Grenze zwischen Lausitz und Teltow, wahrscheinlich in Nachfolge einer slawischen Anlage, schon früh eine deutsche Burg gebaut worden. Nach der Einigung mit den Meißenern gründeten die brandenburgischen Markgrafen ne-

Berliner Tor in Mittenwalde um 1940 mit Gegenstein über der Durchfahrt.

ben der Burg eine Stadt. Sie wurde nicht dem Bischof von Meißen, sondern dem von Brandenburg unterstellt.

Der Name Mittenwalde erinnert an den damaligen Waldreichtum des Teltow, ebenso wie alte Flurnamen (Hoheholz, Vogelsang, Frauenbusch). Mittenwalde liegt an der Notte, die früher Sane genannt wurde. An der Wassermühle lagen zwei Hügel. Auf dem nördlichen entstand das castrum, die Befestigung der askanischen Markgrafen. Dieser Hügel, der Haugrabenberg, wurde später größtenteils abgetragen. Der südliche – Mühlenberg – mag eine Befestigung des Markgrafen von Meißen getragen haben.

Cölln wurde um 1230 gegründet. Eine Burg hat hier nicht gestanden. Teltow wurde von den Markgrafen vermutlich ebenfalls um 1230 gegründet. Eine Urkunde darüber gibt es nicht.

In Köpenick wurde in Folge vieler bis 825 zurückreichender slawischer Burgen nach 1240 eine deutsche Burg der Askanier gebaut und mit einem Vogt „besetzt“. Zur gleichen Zeit siedelten die Deutschen auf der altstädtischen Insel und die Slawen im Köpenicker Kietz.

Während die bereits vor den Askaniern gegründeten Orte Händler und Gewerbetreibende beherbergten, die an Schnittpunkten des Verkehrs und an Flußübergängen seßhaft geworden waren, statteten die beiden Markgrafen die neu gegründeten Städte, die weniger günstig lagen, mit Ackerland aus, um ihnen eine Lebensgrundlage zu geben.

Nicht weniger wichtig als diese materielle Basis war die rechtliche. Um Rechtstitel wurde im Mittelalter noch erbitterter gestritten als heute, nicht zufällig, faßte man doch die gesellschaftliche Ordnung als von Gott gegeben und unveränderlich auf. Einen Fortschrittsbegriff gab es nicht. Veränderung war etwas Gefährliches. Man suchte sein Recht in der Vergangenheit zu begründen und hielt beharrlich daran fest.

Die Markgrafen gaben den neuen Städten das Magdeburger Recht, das vorher von der Stadt Brandenburg übernommen worden war und sich auf rheinisches und westfälisches Stadtrecht gründete.

An der Spitze der Stadtverwaltung standen zwei Gremien: Der Rat, der in der Regel aus sechs oder zwölf Mitgliedern bestand, die jährlich wechselten, und das Kollegium der Schöffen. Die Leitung hatte der Schultheiß, dessen Amt im Besitz des bürgerlichen oder adligen Stadtgründers war und sich weitervererbte. Sie sprachen Recht, jedoch nur im niederen Bereich, während das Hals- oder Blutgericht anfangs beim Markgrafen lag.

Da der Landesherr wegen seiner umfangreichen Hofhaltung und zur Bestreitung der Kosten kriegerischer Auseinandersetzungen in ständiger Geldverlegenheit war, veräußerte er seine Rechte nach und nach für Geld oder verpfändete sie, sei es an Adlige oder an Städte. Köpenick etwa hatte zu Beginn des 15. Jahrhunderts die hohe wie niedere Gerichtsbarkeit inne. Schon 1416 verpfändete Kurfürst Friedrich I. die Stadt und das Schloß neben der gesamten Gerichtsbarkeit an Otto von Lossow.

Nicht nur das Amt des Schultheiß war in festen Händen einer Familie, auch die Räte kannten einander gut; denn der jährliche Wechsel war in der Regel so zu verstehen, daß der in einem Jahr zurückgetretene alte Rat im übernächsten Jahr wieder amtierte. So sprach man vom alten und neuen Rat, die einander jährlich die Hand reichten.

Im einzelnen waren die Verhältnisse von Stadt zu Stadt verschieden. In Teltow regierte seit 1299 der Bischof von Brandenburg, dem Markgraf Herrmann die Stadt und sieben Dörfer überschrieben hatte, um Schulden in Höhe von 300 Mark Silber abzugelten. Die Mark Silber war in Barren mit dem Prägestempel der Münze in Umlauf und wog 233 g. Es gab viel Streit zwischen den Bürgern und den bischöflichen Beamten, die nicht immer mit christlicher Milde verfuhren.

Trebbin und die umliegenden Dörfer gehörten dem Landesherrn und wurden von einem Vogt verwaltet, der sich bemühte, möglichst viel Geld und viele Abgaben aus den Bürgern herauszupressen. Später wurden die Burg und die Stadt als Pfandbesitz von Hand zu Hand gegeben, so daß sich keiner der Edelleute so recht dafür verantwortlich fühlte.

Köpenick wurde 1371 für wenige Jahre dem Hofmeister Nikolaus de Bismarck, einem Vorfahren des Kanzlers, als Pfand übergeben, bald aber wieder vom Landesherrn eingelöst. Von der Gunst des Köpenikker Schloßherrn hingen die Berliner in besonderem Maße ab, waren sie doch nicht nur die nächsten Nachbarn, sondern auch darauf angewiesen, die Schiffahrt auf der Spree ungehindert von den Köpenikkern betreiben zu können.

Zu den Rechten (Regalien), die ursprünglich dem Markgrafen als Landesherrn gehörten, zählte jede Nutzung des Landes und seiner natürlichen Schätze, gleich ob es der Wald mit seinem Wild, den Holzvorräten und Bienenweiden, das Wasser mit seiner in Mühlen und Hämmern zu nutzenden Energie und den Fischen oder das Erz unter der Erde war. Alles konnte der Landesherr verkaufen oder verpfänden. Selbstverständlich wurden für die Benutzung von Straßen und Flüssen Zölle erhoben. Im Erfinden immer neuer Steuern waren die

Herren sehr schöpferisch. Steuerpflichtig waren Bauern und Bürger, nicht aber der Adel und die Geistlichkeit.

Köpenick war Zollstätte für den Schiffsverkehr auf der Spree, und die Berliner gelangten 1298 nach Zahlung von 220 Pfund brandenburgischer Münze – das waren pro Pfund 240 Pfennige in Silber – in den Besitz dieser Einnahmequelle.

Jeder Köpenicker Hausbesitzer hatte an den Schloßherrn eine Steuer zu zahlen, desgleichen die Fischer für Fangrechte und die Zeidler für die Ausbeute an Honig, den sie aus der Waldbienenzucht gewannen. Zucker gab es noch nicht, und Honig war das einzige Mittel, Speisen und Getränke zu süßen. Nicht minder wichtig war das Wachs, das besonders in den Kirchen für Kerzen gebraucht wurde.

Eine zuerst unregelmäßig, später regelmäßig erhobene Steuer war die Bede (von bitten), ursprünglich ein Ersatz für die Steuern, die dem Markgrafen nach Verpfändung des Landes an die Adligen und Städte entgingen. Diese, als Landbesitzer zunehmend direkte Nutznießer der Steuern, bemühten sich, zusätzliche Steuern wie die Bede durch feste Abmachungen mit dem Markgrafen zu begrenzen, worin sie durch einen 1231 in Worms vom Reichstag erlassenen Schiedsspruch bestärkt wurden. Es bildeten sich ständische Vertretungen des Adels, der Geistlichkeit und der Städte, die mit den Herrschern auf unregelmäßig einberufenen Landtagen um die Bewilligung von Steuern rangen, die sich die Stände nur durch Gewährung immer neuer Rechte abkaufen ließen. So kamen einzelne Bedeverträge zustande, die auch dieses Steuerrecht des Markgrafen regeln sollten.

1280/81 schlossen die Städte mit dem Markgrafen Verträge, die in beiden Jahren zu Michaelis außerordentliche Bedezahlungen garantierten. Danach wurde die Bede als ständige Zahlung (precaria für das flache Land, Orbede für die Städte) neben dem Zehnten und dem pactus (Pacht) üblich. Im 14. Jahrhundert wurde auch die Bede verkauft und verpfändet, wie vorher schon die anderen Steuern. Daneben brachte die Verpfändung der Gerichtsbarkeit viel Geld, weil die peinlichen Strafen (Körperstrafen) meist gegen Geldzahlung erlassen wurden.

Die Mittenwalder Bürger erhielten vom Markgrafen Herrmann das Holzungsrecht in der Teupitzer Heide. Einige Bürger waren so vermögend, daß sie Rechte in umliegenden Dörfern erwerben konnten. Regelmäßige Einkünfte hatten die Burgherren von der Mittenwalder Mühle.

Später gab es Streitigkeiten zwischen Mittenwalde und dem Schenken zu Landsberg wegen des Umfangs der Holznutzung in der Teupitzer

Heide. 1315 wurde festgelegt, daß Bau- und Brennholz geschlagen werden durfte.

Auch die Teltower erhielten Holzungsrechte und mußten Abgaben von ihrer Mittelmühle leisten. Neben den üblichen städtischen Rechten wird erwähnt, daß sie Innungen (der vier Gewerke) bilden durften und an den Zollstätten keine Abgaben zu leisten brauchten. Ihre Holzrechte wurden 1317 eingeschränkt. Da gutes Holz knapp zu werden begann, mußten sie die Eichen für den Markgrafen stehen lassen.

Trebbin nahm hauptsächlich Geld für bewaffnetes Geleit der Kaufleute auf den lebhaft befahrenen Straßen Richtung Luckenwalde und Jüterbog ein, aber auch Abgaben von seinen Äckern und Mühlen.

Saarmund gehörte im Mittelalter zum Teltow. Hier wurde Zoll auf alle Waren erhoben, die auf der wichtigen Handelsstraße von Südwesten her kamen. In die Mark eingeführt wurden hauptsächlich Gewürze, besonders Pfeffer, Wein und Seefische, ausgeführt wurden Getreide und Holz.

Bei der Landnahme des Teltow durch die deutschen Markgrafen leisteten befestigte Plätze wertvolle Hilfe. Das waren die auf slawischen Vorgängern errichteten Burgen Mittenwalde und Köpenick und seit der Mitte des 13. Jahrhunderts auch Trebbin, das 1233 noch zum Gebiet des Erzbischofs von Magdeburg gehörte. Dazu zählten auch Wusterhausen an der Grenze zur Lausitz, wo seit dem Ende des 14. Jahrhunderts die Schlieben saßen, und Beuthen, das auf eine slawische Ansiedlung zurückgeht.

Angesichts schlechter Verbindungen und Verkehrsmittel mußte der Markgraf Beamte einsetzen, die ihm bei der Verwaltung des Landes halfen. Hierzu wurden adlige Dienstleute ausersehen, die als Vögte mannigfache Aufgaben der Rechtsprechung und Steuereinziehung hatten. Im Teltow saßen sie in Köpenick, Mittenwalde, Trebbin, Wusterhausen und auch im Städtchen Teltow, das anscheinend unbefestigt, höchstens aber mit Wall und Graben umgeben war.

Von der Größe der mittelalterlichen Städte im Teltow darf man sich keine übertriebenen Vorstellungen machen. Köpenick umfaßte nur einen Teil der heutigen Altstadt-Insel, Mittenwalde ein kleines, von einer mehr als zwei Meter dicken Feldsteinmauer umgebenens Oval. In Trebbin betrug die Gesamtlänge aller Hoffronten etwa 800 m. Teltow wurde noch im Landbuch Kaiser Karl IV. von 1375 als Dorf geführt.

Die Bauern, die im 12. und 13. Jahrhundert aus dem Westen gekommen waren, um den Teltow zu besiedeln, verloren im Laufe der nächsten Jahrhunderte nach und nach alle Freiheiten. Da sie sich schon im frühen Mittelalter ihrer Wehrhaftigkeit begeben hatten und sich in den Kriegszügen von den Rittern vertreten ließen, waren sie die Abhängigen, die die meisten Abgaben leisten mußten und in ihren unbefestigten Siedlungen den geringsten Schutz genossen.

Schon im 14. Jahrhundert hatten viele Berliner und Cöllner Bürger Besitzungen auf dem Teltow, zum Teil gehörten ihnen ganze Dörfer. Aber auch Mittenwalder, Spandauer und Brandenburger Bürger hatten hier Eigentum. Ritter und Geistliche teilten sich den übrigen Besitz, der, wie die markgräflichen Rechte, ständig verkauft und verpfändet wurde.

Von den Dörfern, die auf dem Teltow von Deutschen gegründet worden waren, mußten bis zum Anfang des 15. Jahrhunderts mehrere wieder aufgegeben werden (Wendisch-Stahnsdorf, Dahmsdorf, heute Ludwigsfelde, Melwendorf, heute Neubeeren, Osdorf, Werben, Wendisch-Ragow, Wierickdorf bei Mittenwalde und Birkholz). Kriege und Seuchen, aber auch eine gewisse Übersiedlung, mögen die Gründe dafür gewesen sein.

Neben den Bauern, die in der Regel zwei Hufen Land bewirtschafteten, gab es Kossäten, die nicht nur Abgaben, wie die Bauern, sondern auch Dienste auf den Gütern der Dorfbesitzer zu leisten hatten. Sie besaßen nur wenig Land. Einige von ihnen mögen Nachkommen der Slawen gewesen sein, die vor der Zuwanderung der Deutschen hier gesiedelt hatten. Eine Hufe Land umfaßte etwa 15 ha.

Die Dorfgründer, die als Lehnschulzen in einem direkten Rechtsverhältnis zum Markgrafen standen, besaßen vier Hufen Land, die wie der Besitz des Pfarrers steuerfrei waren. Die Ortsgründer gaben dem Dorf oft den Namen, sind aber als Lehnschulzen im Teltow kaum bezeugt.

Der einzige Handwerker im Dorf war der Schmied. Der sogenannte Laufschmied, der mehrere Dörfer bediente, verrichtete von Zeit zu Zeit die angefallenen Reparaturarbeiten an metallenen Geräten.

Stadt und Land Zossen blieben noch länger slawisch als der übrige Teltow. Hier herrschten die Torgows, deren Sitz die Burg Zossen war. Erst 1414, als die Hohenzollern in die Mark gekommen waren, schlossen sich die Torgows Brandenburg an. Endgültig wurde das Lehensverhältnis zu Böhmen erst am 2. März 1516 gegen Zahlung von 7.500 Gulden urkundlich gelöst.

Auch das Ländchen Tuptz (Teupitz) blieb lange wendisches Gebiet. Nachdem es vorübergehend zur Mark gerechnet wurde, verpfändete es Markgraf Ludwig mit der Lausitz 1328 dem Herzog Rudolf von Sachsen.

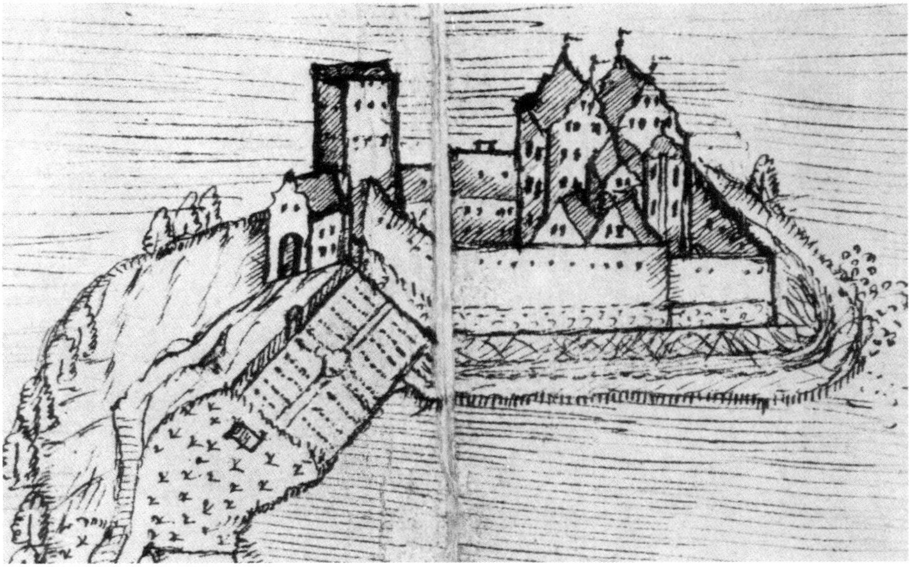

Das Teupitzer Schloß vor der Zerstörung 1685.

Seit der Mitte des 14. Jahrhunderts regierten in Teupitz die Schenken von Landsberg, deren Vorfahren in der Mark Meißen, und zwar in Landsberg an der unteren Mulde, das Hofamt des Mundschenken innegehabt hatten. Da sie sich ihrer Feinde, der Zossener und der Hussiten, nicht länger erwehren konnten, stellten sich die Schenken 1431 unter den Schutz des Kurfürsten von Brandenburg.

Unter den askanischen Markgrafen war die Mark Brandenburg aufgeblüht. Am 14. August 1319 starb Woldemar, der letzte des Geschlechts, in Bärwalde in der Neumark an einem heftigen Fieber. Noch lange trauerte das Volk ihm nach. Nur so ist der Erfolg des später auftretenden falschen Woldemars, eines Schwindlers, zu erklären.

Da Markgraf Woldemar keine Nachkommen hinterlassen hatte, kam es sofort zu Streitigkeiten um das Erbe. Der Witwe Agnes gehörten u. a. die Städte Teltow und Mittenwalde. Sie in Besitz zu nehmen und sich von den Einwohnern huldigen zu lassen, gelang ihr nicht mehr.

Herzog Rudolf versuchte, seine Ansprüche auf die Mittelmark mit dem Teltow urkundlich abzusichern, obwohl seine Rechte mehr als zweifelhaft waren. 1323 belehnte König Ludwig seinen siebenjährigen Sohn mit der Mark.

Herzog Otto von Braunschweig verzichtete im Namen seiner Frau, der Witwe Woldemars, auf deren Besitz in der Mittelmark, so auch auf Mittenwalde, Teltow und Köpenick. Agnes entband die Städte ihres Eides und verpflichtete sie auf König Ludwig und seinen unmündigen Sohn. Für diesen verwalteten verschiedene Landeshauptleute die Mark.

Nach dem Tode König Ludwigs begann Karl IV. die Mark für sich zu gewinnen. Zur gleichen Zeit, im Sommer 1348, erschien ein Pilger beim Erzbischof von Magdeburg und behauptete, er sei Markgraf Woldemar und kehre nach 29jähriger Pilgerfahrt aus dem Heiligen Lande zurück. Nun waren solche langen Pilgerfahrten damals nichts Ungewöhnliches. Dennoch ist zu vermuten, daß es sich um einen Schwindler handelte, der allerdings sehr selbstbewußt auftrat und geschickt vorging. Es wird unaufgeklärt bleiben, inwieweit Karl IV., dem sein Auftreten sehr gelegen kommen mußte, ihn unterstützte.

Das Volk jedenfalls, mit den Wittelsbachern äußerst unzufrieden, flog ihm zu. Die meisten märkischen Städte erklärten sich für Woldemar. Bald gehörten Ludwig nur noch Lebus, die Zauche und die Neumark. Als sich Karl IV. mit den Wittelsbachern ausgesöhnt hatte, dauerte es etwas länger, die Märker wieder auf Ludwig einzuschwören. Woldemar verzichtete erst 1355 auf seinen Machtanspruch und starb zwei Jahre später in Dessau.

Zu den letzten, die sich zu den Wittelsbachern bekehren ließen, gehörten Köpenick und Cölln. Einige Städte im Barnim mußten von Ludwig dem Älteren mit Gewalt eingenommen werden. Er sammelte seine Hilfstruppen Anfang September 1350 in Saarmund.

Die Pest wütete seit 1350 in der Mark. Fanatische Büßer aus allen Bevölkerungsschichten liefen in einer jener irrationalen Bewegungen, wie sie später auch bei der Verehrung des Wunderblutes von Wilsnack ausbrachen, zusammen und zogen in furchterregenden Gruppen durch das Land. Sie geißelten sich auf den Marktplätzen, um die Menschen zur Buße aufzufordern, da sie die Pest für ein Gottesgericht hielten. „Nun hebt auf eure Hände, daß Gott das große Sterben wende", sangen sie.

In dieser unruhigen Zeit bildeten sich viele Räuberbanden.

Die mittelmärkischen Städte verbündeten sich zu gegenseitiger Hilfe. Die Bürger in den Orten mit großen Landschlössern, wie Köpenick, wurden verpflichtet, sich selbst zu verteidigen. Kleinere Städte wurden auf Landtagen von größeren vertreten. Mittenwalde gehörte zur „Sprache" Berlin-Cöllns. 1321 schloß sich die Stadt der Union der märkischen Städte gegen die Räuber an.

Berlin war nach der Vereinigung mit Cölln im Jahre 1307 die Sprach-

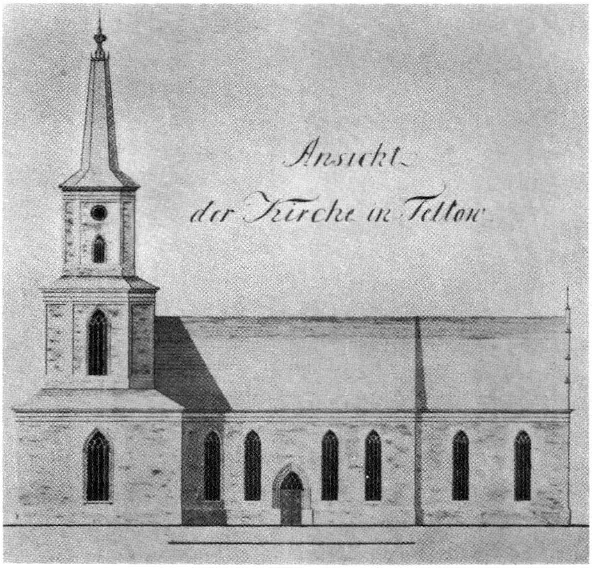

West- und Südseite um 1810.

stadt des Teltow. Sie wurde bedeutender als Brandenburg, nachdem sie 1280 eine Münze erhalten hatte.

Die Burg Trebbin wechselte mehrmals ihren Besitzer und wurde von Ludwig dem Römer an die Redern gegeben, die im Havelland die Festen Schwante und Vehlefanz besaßen.

Auch die Torgows in Zossen waren lebhaft an den Auseinandersetzungen der streitenden Parteien jener Zeit beteiligt.

1373 verzichteten die Wittelsbacher auf die Mark, und Kaiser Karl IV. ließ sich von den Märkern huldigen. 1375 wurde das von ihm in Auftrag gegebene Landbuch der Mark Brandenburg vollendet, mit dessen Hilfe das Land effektiv verwaltet werden sollte. Es enthält in lateinischer Sprache, der Sprache der Gebildeten jener Zeit, eine Zusammenstellung der Einkünfte des Landes und die Register aller Dörfer mit Ausnahme einiger umstrittener Herrschaftsbereiche. Dieses Dokument ist wohl die wichtigste Quelle für die märkische Geschichtsforschung des Mittelalters. Drei Jahre später starb Karl und hinterließ den unmündigen Sohn Sigmund als zukünftigen Markgrafen von Brandenburg.

Kaum war Karl verstorben, erhoben die Räuberbanden und Raubritter wieder ihr Haupt, und die eben mühsam gewonnene Ordnung versank. Die Städte schufen sich Verteidigungsanlagen an ihren Gemarkungsgrenzen, sogenannte Landwehren, die aus Wall und Graben bestanden und mit Türmen zum Auslug versehen waren. Der unmündige Sigmund erlaubte den Städten, sich zur Bekämpfung der Räuber mit ausländischen Städten zu verbünden.

1388 wurde Sigmund König von Ungarn und übergab die Mark im Einverständnis mit seinen Brüdern an Jodocus und Prokop, Markgrafen von Mähren. Prokop war nur als Erbe seines Bruders vorgesehen, der die Mark habgierig ausbeutete und sich ansonsten als stiller Gelehrter seinen Büchern widmete. Die Verwaltung des Landes überließ er den Hauptleuten und Vögten. Die Unsicherheit in der Mark war so groß, daß sich 1393 die Städte für drei Jahre zu einer gemeinsamen Landwehr vereinigten. Cölln stellte dazu acht Gewappnete und vier Schützen. Vom Erfolg dieser Maßnahme hören wir nichts.

1393 verpfändete Jost von Mähren für eine seiner Spekulationen mehrere märkische Städte, darunter auch Mittenwalde und Trebbin, an seinen Schwager, den Markgrafen Wilhelm den Einäugigen von Meißen. Nachdem ihm Wilhelm weitere Summen geliehen hatte, übertrug Jost von Mähren dem Schwager die Regentschaft der Mark. Bei der Huldigung gab es in den Städten Schwierigkeiten. Die mittelmärkischen Städte faßten schließlich Vertrauen zu dem Regenten Wilhelm, der sich nicht nur um Friedensvereinbarungen mit den äußeren Feinden der Mark bemühte, sondern auch den Raubrittern mit der Schleifung ihrer Befestigungen drohte, wenn sie sich weiterhin als Mordbrenner betätigten. Die Zustände änderten sich jedoch nicht, und Jost von Mähren, der nur für kurze Zeit die Mark besuchte, kümmerte sich nicht um die Klagen der Städte.

Wie in vielen märkischen Städten gab es in Mittenwalde und Teltow Kalandsbruderschaften, die ihren Namen von den Kalenden, den ersten Tagen im Monat, herleiteten, an denen ihre Sitzungen stattfanden. Sie wurden nach feierlichem Ritus zelebriert. Jeder Bruder trug eine große Wachskerze, und so schritten die Männer würdevoll durch den Kirchenraum, ehe die Messe begann, an der sie teilnahmen. Danach beschenkten sie die Armen, die vor der Kirche standen, und kümmerten sich auch um die Krüppel und Kranken, die dort warteten. Mildtätigkeit war ihre Aufgabe. Sie versorgten durchreisende Pilger mit Speise und Trank und pflegten sie, wenn sie erkrankt waren.

Am Ende des Versammlungstages gab es eine kleine Schmauserei, die im Laufe der Jahrhunderte immer größeren Umfang annahm und im 16. Jahrhundert zum Selbstzweck zu werden schien. Man tafelte an fein gedeckten Tischen und aß von edlem Porzellan in einem besonderen, Celle genannten, Raum, der sich in Teltow am Rande des Kirchhofs befand. Man wollte von dem Gedanken an die Vergänglichkeit des Menschen gemahnt werden, wie ja die Kalandsbrüder zum Totengeleit verpflichtet waren.

Übrigens gab es auch weibliche Mitglieder der Vereinigung. In Teltow schenkte die edle und tugendsame Gottliebe von Ziethen der Andreaskirche 40 Schock Groschen, damit alle Tage zur Vesperzeit dreimal an die Bittglocke geschlagen würde und alle, die es hörten, andächtig seufzen und beten könnten. 1438 soll die Teltower Kalandsbruderschaft 28 Mitglieder gehabt haben. Sie verliehen das Tafelgeschirr und die Tischwäsche, die sie für ihre Essen brauchten, ebenso wie Totenbahren, Leichentücher, Brautkronen und sogar Braupfannen zum Bierbrauen zu einem geringen Preis.

Als die Mark besiedelt wurde, gründeten Brüder des kriegerischen Templerordens, die gemeinhin den christlichen Glauben gegen seine Feinde verteidigten, an der Grenze des Teltow südlich von Berlin und Cölln eine Niederlassung, die später bedeutungslos wurde, als die Mark christlich geworden war.

1312 wurde der Templerorden vom Papst aufgehoben. Tempelhof, wo inzwischen ein kleines Dorf entstanden war, übernahmen die Johanniter. Nach langen Auseinandersetzungen mit Berlin und Cölln verkauften sie Tempelhof, Rixdorf, Mariendorf und Marienfelde an die Doppelstadt.

Die Quitzows und der Beginn der Hohenzollernherrschaft im Teltow

Gegen Ende des 14. Jahrhunderts verschlimmerten sich die Zustände in der Mark Brandenburg. Es fehlte die feste Hand eines Regenten. Stattdessen nahmen die Adligen selbst das Regiment in die Hand, und besonders die Quitzows spielten sich als Herren auf. Da ihre Burgen über die ganze Mittelmark verteilt waren, beherrschten sie die Straßen. Sie sahen nur ihren momentanen Nutzen und verbündeten sich zunächst mit den Feinden der Mark; später ließen sie sich von den Städten als Beschützer anwerben.

Das Geschlecht der Quitzow hatte sich im 13. Jahrhundert in der

Prignitz angesiedelt und erkannte die Edlen Gänse von Putlitz in Mecklenburg als Lehnsherren an. Zwischen beiden Familien herrschte enge Freundschaft. Sie mehrten ihre Herrschaft.

Den Quitzows gehörten mehrere Dörfer. Sie wurden im Landbuch von 1375 zu den Edlen gezählt. Ihre Einnahmen aus Landbesitz steigerten sie dann beträchtlich durch Raubzüge auf der Elbe und Lösegelder, die sie auf ihren kriegerischen Unternehmungen erpreßten. 1391 war Kuno von Quitzow der ungekrönte König der Prignitz. Von seinen Söhnen schlugen die beiden ältesten, Johannes und Dietrich, ganz in seine Art.

1402 unternahm Dietrich von Quitzow einen Beutezug in der Umgebung von Trebbin, obwohl hier nicht sein bevorzugtes Jagdgebiet war. Die Schlieben von Wusterhausen waren in jener Zeit nicht besser, und das Räuberquintett der Konrad, Niclas, Hans Balthasar und Otto von Schlieben war auf den Straßen des Teltow gefürchtet.

Schon im nächsten Jahr spielten sich die Quitzows als Beschützer der Mittelmark auf und erhoben sogar den Landschoß. Die Berliner verbündeten sich 1404 mit ihnen und zahlten für ihre Dienste 800 Schock böhmische Groschen.

Die Quitzows revanchierten sich und eroberten Strausberg und Bötzow (Oranienburg) zurück. Kamen sie nach Berlin, so wetteiferten die reichen Bürger, ihnen Feste zu geben, auf denen der Wein floß und schöne Mädchen nicht fehlten. Mit Gesang wurden sie bei Fakkelschein in später Nacht zu ihrem Quartier geleitet. Die Nachbarstädte verfolgten diese Entwicklung mit Mißtrauen.

Nach dem Tode des Markgrafen Wilhelm von Meißen, der von Jost als Mitregent eingesetzt worden war und die Burgen Saarmund und Köpenick gekauft hatte, bemächtigten sich die Quitzows der beiden Festen. Jost von Mähren lieh sich bei ihnen Geld und verpfändete den Quitzows dafür das Köpenicker Gericht.

1409 tauchte Jost wieder in der Mark auf und setzte den Herzog Swantibor von Pommern-Stettin als Verweser des Landes ein. Die Quitzows hatten sich in eitler Selbstüberschätzung diese Rolle zugedacht, waren sie doch mächtiger denn je. Ihnen gehörten die Burgen Köpenick, Saarmund, Bötzow, Rathenow, Plaue und Friesack. Schon streckten sie ihre Fühler nach der Neumark aus, die sie für Geld gern beschützt hätten. Einstweilen plünderten sie die Schiffe auf der Oder aus.

1410 festigte Dietrich von Quitzow seine Beziehung zum Schenken von Landsberg und heiratete dessen Tochter Elisabeth. Im gleichen Jahr nahm die Freundschaft mit Berlin ein Ende. In einem drei-

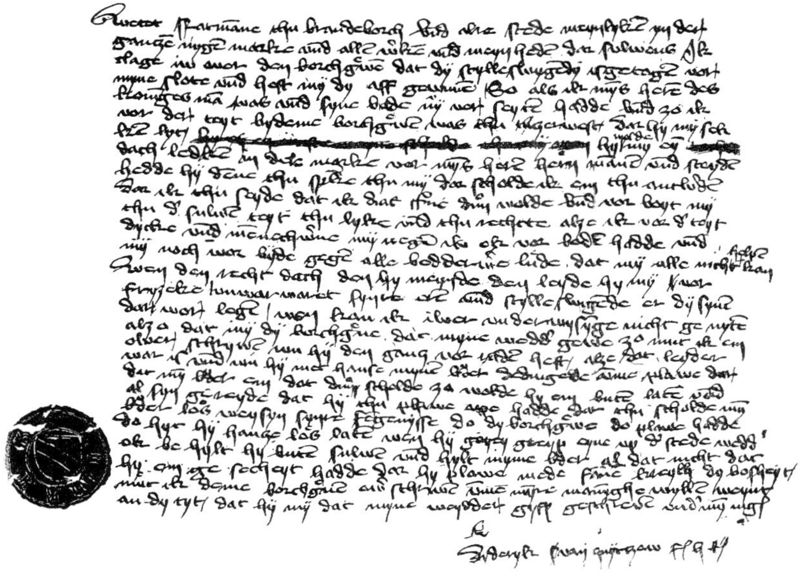

Klagebrief Dietrich von Quitzows aus dem Jahre 1414.
Wappen der Familie von Quitzow.

sten Überfall trieben Dietrichs Gesellen den wertvollsten Besitz der Berliner, ihre Viehherden, von der Weide vor den Toren der Stadt weg und brachten sie nach Bötzow. Ratsherr Matthias Wins, das Haupt der nachsetzenden Städter, wurde dort zwei Jahre festgesetzt, bis man sich über die Höhe des Lösegeldes geeinigt hatte.

Dietrichs Absicht war es wohl, die märkischen Städte nach und nach in seine Gewalt zu bringen. Von Köpenick aus konnte er den Handel der Berliner drosseln. Jahrelang stritten sie sich mit den Quitzows um die Burg. Weder Brandenburg noch Frankfurt, die beide um Vermittlung angegangen wurden, konnten Frieden stiften. Johann von Quitzow brachte 1410 Schloß Beuthen in den Besitz der Familie. Es gehörte Kuno von Ziesar und war von Heinrich von Isenborg und Johann von Treskow erobert worden. Kuno suchte Hilfe bei Johann von Quitzow, womit er den Bock zum Gärtner machte; denn der gewährte den beiden Räubern freien Abzug, worauf sie sich mit einem erbeuteten Schatz von 1.300 Schock böhmischer Groschen aus dem Staube machten. In einem Wagen führten sie das Geld mit sich, und Johann von Treskow, der bei der Eroberung des Schlosses verwundet worden war, lag darauf. Kuno von Ziesar hatte gehofft, die Raubritter hätten seinen im Schloß versteckten Schatz nicht gefunden. Darin sah er sich getäuscht. Er war so arm geworden, daß er den Quitzow für seine angebliche Hilfeleistung nicht bezahlen konnte und ihm Beuthen als Pfand lassen mußte.

Der Übermut der märkischen Raubritter endete mit dem Auftreten Friedrichs, des Burggrafen von Nürnberg. Er war 1411 vom deutschen König Sigmund zum Hauptmann und Verweser der Mark Brandenburg bestellt worden, nachdem Jost von Mähren gestorben war und eine Abordnung der Märker den König gebeten hatte, für Ordnung in ihrer Heimat zu sorgen. Die Belehnung Friedrichs I. von Hohenzollern erfolgte sechs Jahre später auf dem Konzil zu Konstanz.

König Sigmund befahl Friedrich, alle verpfändeten märkischen Schlösser einzulösen. Das war leichter gesagt als getan. Manches Pfand war inzwischen weiterverpfändet worden, so auch Trebbin, das Hans von Torgow auf Zossen von Jost erhalten und für 300 Schock Groschen an den Ritter Christoph von Maltitz weitergegeben hatte. Dessen Söhne Heinrich, Fritz und Hans unternahmen im Stile der Zeit Plünderungszüge in der Umgebung Trebbins.

Hans von Torgow forderte von Maltitz die Burg gegen Zahlung der Pfandsumme zurück. Der wollte sich aber nicht darauf einlassen, hatte wohl auch die Zusage der Quitzows, ihm zu helfen. Markgraf Friedrich fackelte nicht lange und eroberte Trebbin 1413 nach zweitägiger

Belagerung zurück. Ihm halfen nicht nur Johann von Torgow und Johann von Bieberstein aus Beeskow, sondern auch die Quitzows, die wieder einmal doppeltes Spiel getrieben hatten. Ritter Maltitz verlor mit der Burg auch das Geld, das er dem Torgow geliehen hatte, wurde aber später vom Kurfürsten entschädigt. 1416 gab Friedrich die Burg seiner Schwiegertochter, Markgräfin Barbara.

1414 versicherte sich Friedrich der Hilfe des Erzbischofs von Magdeburg und Herzog Rudolfs von Sachsen und ging gleichzeitig gegen die Quitzowburgen Golzow, Friesack, Plaue und Beuthen und gegen Rathenow vor. Die Streitkräfte verteilten sich und sollten zur gleichen Zeit losschlagen.

Herzog Rudolf von Sachsen-Wittenberg sollte die Burg Golzow belagern, Johann von Torgow mit Hilfe der Äbte von Lehnin und Zinna die Burg Beuthen, Friedrich und der Erzbischof von Magdeburg Plaue und Rathenow. Friedrich ließ sich durch ein Einlenken Dietrichs von Quitzow in letzter Minute nicht mehr von seinem Vorhaben abbringen. Die Belagerung der Burgen begann im Februar 1414. Die Rathenower kamen einer Erstürmung der Stadt zuvor und schlossen einen Vertrag mit Friedrich. Daraufhin eilten die Belagerungstruppen nach Friesack, wo sich Dietrich von Quitzow aufhielt, der die Aussichtslosigkeit seiner Lage bald erkannte und nach Bötzow floh. Dort nahm ihn Werner von Holtzendorf auf, was später von Friedrich geahndet wurde.

Die Burg Friesack fiel nach Dietrichs Flucht schnell, ebenso Golzow. Plaue konnte nur mit Hilfe eines schweren Geschützes eingenommen werden, das später in die Sage als „Faule Grete" einging. Johann von Quitzow mußte sich, nachdem ein Teil der 14 Fuß dicken Mauer zerschossen worden war, ergeben.

Die Besatzung der Burg Beuthen kapitulierte als letzte kurz danach. Für einige Zeit kehrte Ruhe ein in der Mark. Als jedoch Friedrich zum Konzil nach Konstanz reiste, wo er mit Brandenburg belehnt wurde, dang Dietrich von Quitzow einige Verbrecher, die die Scheunen der Stadt Nauen in Brand steckten. Das Feuer äscherte die ganze Stadt ein. Vier der Brandstifter wurden gefaßt und gerädert.

Dietrich gelang es nicht mehr, Verbündete zu gewinnen. Nachdem seine Frau gestorben war, floh er nach Harbke, das den Veltheims gehörte, und starb dort 1417. Er wurde auf dem Friedhof des Nonnenklosters der Augustinerinnen in Marienborn begraben, wo seine Schwester Priorin war.

Markgraf Friedrich kam zum ersten Male im Juni 1412 in seinen neuen Herrschaftsbereich und ließ sich in den Städten persönlich huldigen, zuerst in Brandenburg, wo auch Vertreter des Teltow zugegen waren. Danach bestätigte er die angestammten Rechte. Anschließend reiste er durch die Mark. Am Donnerstag nach St. Margarethen (Donnerstag nach dem 20. Juli) kam er nach Mittenwalde, am 31. März 1413 nach Köpenick, das er Werner von Holtzendorf übergab. Auch die Schenken zu Teupitz und die Torgows auf Zossen erkannten die Oberhoheit des Markgrafen an.

Nach der Niederlage der Quitzows übergab Friedrich das Dorf Groß-Machnow, das ihnen gehört hatte, seinem fränkischen Getreuen Heinz Donner.

Am 20. März 1414 erließ Friedrich auf dem Landtage zu Tangermünde einen allgemeinen Landfrieden. Werner von Holtzendorf wurde wegen des Bruchs der Lehnstreue angeklagt. Die Burg Köpenick fiel an den Landesherrn zurück. 1416 gab er sie Otto von Lossow, der ihm dafür 600 Schock guter böhmischer Groschen zahlte. Beuthen gelangte auf die gleiche Weise für 800 Schock Groschen an die Bredows als Vormund der Schlabrendorfs.

1412 heiratete Friedrichs Sohn Johannes Barbara, die Tochter des Kurfürsten von Sachsen. Sie erhielt von ihrem Gemahl fünf Städte als Leibgeding, darunter Mittenwalde und Trebbin (zur lebenslänglichen Nutzung).

So blieb es bei der markgräflichen Schuldenpolitik. Aber es herrschte Frieden im Land, und die Schlösser, die Friedrich verpfänden mußte, kamen an märkische Edle und nicht an Fremde.

Fränkische Amtsbräuche kehrten mit den Hohenzollern auch in der Mark Brandenburg ein. 1426 verließ Kurfürst Friedrich die Mark und übergab die Regentschaft seinem Sohn Johann. Der stellte die Wälder unter die Kontrolle von Heidereitern, wie es in Franken üblich war. Sie sollten vor allem die Holzverkäufe abrechnen. In der Teltowschen Heide, dem heutigen Grunewald, waltete Michael Seidenbach seines Amtes.

1432 fielen die Hussiten von Böhmen her in die Mark ein. Der Teltow wurde anscheinend nicht von ihnen berührt.

Schon 1437, drei Jahre vor dem Tode Friedrichs I., trat sein Sohn Friedrich II. die Herrschaft in der Mark an. Er war nicht nur von der Geburt her ein echter Märker, sondern auch seinen Handlungen nach, sagte man ihm doch nach, er habe eiserne Zähne. Das bewies er schon bald, als er sich Streitigkeiten zwischen den Schwesterstädten Berlin und Cölln zunutze machte, um fest in Cölln Fuß zu fassen, indem er ein Schloß baute. War dies der Anfang der Sonderrolle Berlins als Residenz der Landesfürsten, so verband sich damit die Preisgabe aller Privilegien, die Berlin und Cölln unter den Askaniern erhalten hatten.

Die Bürger waren nicht unschuldig daran, rebellierten sie doch 1447 offen gegen den Kurfürsten, warfen die Mauern des beginnenden Schloßbaues in die Spree und zerstreuten die Akten des Archivs, die die Lehensabhängigkeit der Städte bewiesen, in alle Winde. Vergeblich versuchten Mittenwalder Ratsherren zu vermitteln. Die Aufrührer wurden 1448 vor ein Gericht nach Spandau zitiert und mit hohen Geldstrafen belegt, die Friedrich später herabsetzte. Die Dörfer jedoch, die von den Templern an die Doppelstadt übergegangen waren, beschlagnahmte Friedrich.

Aber schon wenige Jahre später erwarben Cöllner und Berliner Bürger erneut Besitz an Dörfern auf dem Teltow, so in Schmöckwitz, Rangsdorf, Brusendorf und Löwenbruch.

Die Zeit der märkischen Städtebündnisse war unter dem neuen Herrscher vorüber. Er regierte mit fester Hand, ließ den Städten zwar weitgehend Freiheit, hielt die Burgen in den Orten jedoch fest in seinem Besitz und vergab sie an zuverlässige Getreue. Besonders reich belohnt wurde der Küchenmeister zu Cölln, Zeuschel, der den Schloßbau 1451 vollendete. Er erhielt neben vielerlei Sonderrechten Besitz in den Teltowdörfern Buckow, Dahlewitz, Groß- und Klein-Kienitz, Groß-Machnow, Mahlow, Rotzis (seit 1937 Rotberg) und Schönefeld. Nach dem Aussterben des Geschlechts fiel der gesamte Besitz an den Kurfürsten zurück.

Aber auch auf andere Weise gewann der Kurfürst Landbesitz zurück. Hatte noch das Landbuch 1375 den Verlust allen Besitzes des Landesherrn ausgewiesen, so gehörten um 1450 Steglitz, Heinersdorf, Lichtenrade und Rotzis wieder ganz dem Kurfürsten. Sie hatten ehedem dem Bischof von Brandenburg gehört. Friedrich II. nutzte geschickt die schwache Stellung der Päpste, als das Konzil zu Basel (1431–49) ihre Hoheitsrechte anfocht, und ließ sich von Papst Nikolaus V. 1447 einräumen, als Kurfürst das Vorschlagsrecht bei der Ernennung der Bischöfe von Brandenburg, Havelberg und Lebus zu haben. Damit wurde im Grunde die schon lange geübte Praxis bestätigt, nach der die Bischöfe Untertanen des Markgrafen waren.

Nunmehr konnte der Kurfürst seine Günstlinge auf den Bischofsstuhl bringen, wofür er bischöflichen Besitz erhielt. Wichtig war es für ihn auch, seine finanziellen Verhältnisse zu verbessern. Es gelang ihm anscheinend, eine neue regelmäßige Steuer einzuführen, die sogenannte Landbede, die über längere Zeit nach einheitlichem System erhoben wurde. Um ihren Einzug auf den Dörfern zu vereinfachen, unterstützte der Kurfürst wohl die Neuordnung der Besitzverhältnisse. Auffällig ist, daß um 1450 in der Regel ein Dorf nur einem Adligen gehört, während die dörflichen Besitzverhältnisse nach dem Landbuch von 1375 völlig verschachtelt und zersplittert waren. So waren jetzt die Britzkes Herren in Buckow, die Liepes in Blankenfelde, Selchow, Schönow und Waltersdorf, die Bernes in Großbeeren, die Hakes seit kurzem in Klein-Machnow. Die Milows saßen in Dahlem, die Schlabrendorfs in Beuthen. Wendisch-Wusterhausen gehörte den Schlieben.

Die meisten Adligen mehrten ihren Besitz, indem sie nach dem Aussterben von Bauernfamilien wüst gewordenes Land in den Dörfern an sich brachten.

Nachdem die Schenken von Landsberg schon 1443 urkundlich die Lehnshoheit des brandenburgischen Kurfürsten über Teupitz anerkannt hatten, kam gegen Ende des Jahrhunderts auch Zossen endgültig zur Mark. Schon 1448 hatte Friedrich II. die Vogtei über die Lausitz gekauft, konnte sie aber im Kampfe gegen den 1458 auftretenden König der Böhmen, der sich zum Fürsprecher der Tschechen machte, nicht behaupten. Zwar blieb Teupitz brandenburgisch, Zossen aber mußte wieder die böhmische Lehnshoheit anerkennen. Wenig später bedrohten die Ungarn die Mark von Süden her und brandschatzten Dörfer im Teltow. 1480 mußte sich der ungarische König Matthias jedoch der Türken erwehren und wurde von weiteren Einfällen in die Mark abgehalen. Der Schaden war nicht nur in den Dörfern groß, sondern auch in Mittenwalde so groß, daß der Stadt die Steuern erlassen wurden. Da die Ungarn und Böhmen nach ihrem Sieg über die Türken an Kraft gewonnen hatten, versuchte Kurfürst Johann sich mit ihnen zu versöhnen und verzichtete auf Ansprüche in der Lausitz. Er kaufte jedoch die Herrschaft Zossen 1490 mit Einwilligung des Ungarnkönigs Matthias und gewann damit eine mächtige Burg an der Südgrenze der Mark.

Die Reformation

Anfänge im Teltow – Paul Gerhardt

Der Teltow ist für die Reformation in Brandenburg von besonderer Bedeutung, da der Junker Matthias von Schwanebeck den Bericht des Übertritts Kurfürst Joachims II. zur neuen Lehre nach dessen Tod 1571 niedergeschrieben hat.

Die Wirksamkeit der Kirche vor der Reformation resultierte zum Teil aus zahlreichen Schenkungen und Stiftungen; so gab es außerhalb der Mauern fast jeder Stadt Hospitalkapellen, die Märtyrern, besonders dem heiligen Georg, geweiht waren.

Die Mittenwalder Kapelle ist 1394 begründet worden, das Gelände gehörte einstmals zur Pfarrkirche des wüst gewordenen Ortes Wieriksdorf. Auch in Trebbin steht am Rande der Stadt in Richtung Thyrow eine solche Kapelle; bei Zossen gab es auf dem Kietz ein kleines Hospital. Vor den Toren der Städte war man auf die Isolierung der Kranken bedacht. In den Jahrzehnten vor der Reformation wurden nur vereinzelt neue Kirchen gebaut. Das darf nicht auf ein Abnehmen kirchlichen Einflusses zurückgeführt werden, die Einwohnerzahlen der teltowischen Orte stagnierten. Gründe dafür waren die Einschnürung der 1–2.000 Einwohner zählenden Städte durch Mauern und die Kriegsverluste auf dem flachen Land.

Die steigende Unwissenheit durch schlechte Ausbildung ist sowohl innerhalb der Klostermauern nachzuweisen wie auch unter den Pfarrern. Waren die ersten Mönche des Klosters Lehnin in Sachen Kunst und Kultur große Lehrmeister, ging es später verstärkt um wirtschaftliche Belange; diejenigen zählten um 1540 zu den Gelehrtesten, die den Psalter lesen konnten. Bedenklich, daß Melanchthon meinte, nirgends dümmere und schlechtere Geistliche getroffen zu haben als in der Mark. Zweifelhafte Erscheinungen der Zeit waren die Wallfahrten zu Wunderstätten, besonders im 15. Jahrhundert. Vom Teltow aus ging es vor allem nach Wilsnack im Bistum Havelberg.

Wem das zu weit war, der pilgerte zur Marienkirche nach Beelitz, auch hier wurde den Ablaß begehrenden Wallfahrern Hostienblut gezeigt.

Zu Anfang des 16. Jahrhunderts machte sich der bekannte Ablaßkrämer Johann Tetzel auf dem Teltow unliebsam bemerkbar, so daß die Menschen dort den Lehren Luthers gegenüber immer aufgeschlossener wurden. Als Tetzel seine Ablaßzettel 1517 zum Kauf anbot, wohnte er einige Wochen im Schloß Beuthen bei der Familie von Schlabrendorf. Seinen Ablaß verkaufte er in dieser Zeit in benachbarten Orten wie Saarmund, Teltow und Trebbin. Abends machte er sich bei Otto v. Schlabrendorf über das Volk lustig, bis dieser ihm eines Tages die Tür wies.

Kurfürst Joachim I. erfuhr zum eigenen Kummer, wie die kirchliche Hierarchie, gegen die sich Luther auflehnte (Thesenanschlag in Wittenberg 1517), zu bröckeln begann. Schon 1521 blieben in Berlin Rat, Gilden und Schulen der Fronleichnamsprozession fern, man verweigerte kirchliche Abgaben. Für den Teltow ist zwischen 1517 und 1535 keine geistliche Stiftung gemacht worden.

Luthers Bibelübersetzung fand immer mehr Verbreitung, deutsche Kirchengesänge traten an die Stelle der lateinischen. Der erste lutherische Gottesdienst im Teltower Land fand bei der Familie v. Schlabrendorf im Keller des Schlosses Beuthen statt.

Der Kurfürst wollte von der Reformation nichts wissen; natürlich versuchten auch die Bischöfe von Brandenburg, zu deren Bereich der Teltow zum Teil auch weltlich gehörte, die neue Lehre nicht eindringen zu lassen,.

Zu Beginn der Reformation war Hieronymus Scultetus (Schulz) Bischof von Brandenburg; er wurde vom Kurfürsten sehr geachtet, war ein gelehrter Mann und verkehrte brieflich auch mit Luther, war diesem jedoch nicht gerade freundschaftlich verbunden, ähnlich wie sein Nachfolger Dietrich von Hardenberg.

1524 heißt es in einer Verlautbarung Joachims I., daß es in Luthers Bibelübersetzung von Fehlern wimmele und durch ihre Fälschungen die christliche Glaubenseinheit gestört werde.

1526 erging ein Verbot von der Obrigkeit, daß „... nyemants Martin Luther gemacht, inn Kyrchen, Processenn ader sunsth nicht singen sollen. Das wir ein Iglichen vor Straff sich zu hutten wollen gewarnet habenn".

Mit Matthias v. Jagow, Bischof seit 1528, änderte sich die Lage, unter ihm erhielt der einfache Bürger und Bauer mehr Freiheit und bekam dadurch mehr Mut.

Schon 1528 las ein Wittenberger Prediger in der Altstadt Brandenburgs die Messe in deutscher Sprache.

Auf dem Reichstag zu Augsburg 1530 brauste Joachim heftig auf, nachdem die Lutheraner nicht klein beigeben wollten.

Seine Gemahlin Elisabeth nahm den neuen Glauben an und suchte beim Kurfürsten von Sachsen Schutz.

Sein ältester Sohn Joachim mußte daraufhin eine streng katholische Prinzessin, Hedwig, die Tochter des Polenkönigs, zur Gemahlin nehmen. Er verpflichtete ihn 1534 unter Eid, „unverrückt bei dem alten christlichen Glauben zu bleiben und nichts dagegen weder heimlich noch öffentlich zu tun".

1535 starb Joachim I. Sein Sohn Joachim II. scheute sich in den ersten Jahren seiner Regierung vor dem Glaubensüberstritt. Als Prunkliebender wollte er auf die Zeremonien der alten Kirche nicht verzichten, im Inneren war er von der Lehre Luthers angetan. Den Beratern des Kurfürsten war klar, daß Entscheidendes geschehen müsse.

An der Spitze der reformatorischen Bewegung stand der höchste weltliche Beamte des Bischofs, der bischöfliche Vogt und Erbrichter des Kreises Teltow, Joachim v. Schwanebeck. Von Bedeutung für die weitere Entwicklung der Reformation im Kreis Teltow war, daß sein Sohn Matthias nach Wittenberg auf die dortige Hohe Schule ging und Luther, Melanchthon und Bugenhagen besucht und gehört hat. So förderte die Familie Schwanebeck in Teltow die Verbreitung der Lehre Luthers. Es gab Unterredungen mit benachbarten Pfarrern und Edelleuten, und schließlich fand im April 1539 die entscheidende Versammlung des Adels bei Joachim v. Schwanebeck in Gegenwart des Bischofs Matthias v. Jagow statt.

In der Beschreibung der Stadt Teltow von Thomas Philipp von der Hagen von 1767 lesen wir, daß sich Matthias v. Schwanebeck 1539 zur protestantischen Religion bekannte und in das Schwanebecksche Hausbuch folgendes von der Reformation im Teltowschen Kreise eingetragen hat: „Als der Hochwürdige Bischoff, Herr Mathias von Brandenburg Ao. 1539 im Heimzug von Cölln in Teltow gewesen, haben sich die Edle und Veste Junckern, aus den Teltow, in meines Vaters seel. Hause zu ihm fleissig versammlet, und sich mit ihm wegen der reinen göttlichen Lehre berathschlaget, und sind alle eines Sinnes und Willens gewest, selbige anzunehmen, und standhaftig zu bekennen, auch daß sie ihre Pfarrer und Plebanos, die sich sperren wolten, zwar nicht durch Gewalt verjagen und verfolgen, sondern ihnen Unterhalt reichen, und sich inmittelst nach Predigern der reinen Lehre umthun wolten.

Dies haben sie alle in einem vorgelegten Revers bezeugt, unterschrieben und besiegelt. So geschehen am 18. April 1539.

Die Nahmen heissen:

Jochen v. Schwanebeck zu Teltow.
Jochen v. Hacke zu Sand-Machenow.
Jochen v. Schlaberndorf zu Schloß Beuthen.
Hans v. Berne zu Groß-Berne.
Christoph v. Berne zu Schönow.

Carl Sigmund v.d. Liepen zu Blanckenfelde.
Otto v. Britzke zu Britzke.
Christoph v. Spiel zu Dalen.
Sigmund v. Otterstedt zu Dalwitz.
Heinrich v. Thümen zu Leuenbruch.

Alle diese Junckern und Landsassen sind am 31. Octobr. des benannten Jahres nach Spandow gereißt, wohin mein Vater seel. mich hat mitgenommen, und haben Tages darauf nach dem Vorgang, des Durchl. und Hochgebohrnen Churfürsten, Herrn Joachim des Jüngern Löbl. Gedächtniß, in der dasigen Pfarr-Kirche das reine Evangelium öffentlich bekannt, und das heilige Sacrament unter beyderley Gestalt von gedachten Herrn Bischof Mathias empfangen."

Joachims Bekenntnis erfolgte also am 1. 11. 1539 in der Spandauer Nikolaikirche, das Abendmahl wurde nun in beiderlei Gestalt eingenommen, also Brot und Wein. Der Wein war bisher allein den katholischen Geistlichen vorbehalten.

Willibald Alexis berichtet von dieser Teltower Besprechung in seinem „Werwolf", verlegt dieses Ereignis jedoch um vier Jahre zurück.

Anlaß der sog. Teltower Einigung war die Durchreise des Bischofs von Brandenburg, der auf dem Wege von Cölln an der Spree nach Ziesar war, wo die Brandenburger Bischöfe residierten. Diese waren seit 1299 im Besitz der Stadt Teltow nebst benachbarter Dörfer.

Matthias v. Jagow kümmerte sich als Bischof selbst recht wenig um die Lehre Luthers, vertrat jedoch als Adliger umsomehr die Wünsche seiner Standesgenossen.

Bei der Einführung der Reformation war sich der Adel des Teltower Bereiches in der Sache einig; möglicherweise handelte er bei seiner Unterschrift in der Überzeugung, für den gesamten märkischen Adel zu sprechen und auch im Namen der Bevölkerung, die zum Teil im Verborgenen längst evangelisch geworden war.

Daß für das Abendmahl am 1. 11. 1539 die Spandauer Nikolaikirche gewählt wurde, mag daran gelegen haben, daß der Teltow bis an die Spreemündung heranreichte und das Spandauer Gotteshaus neben den Kirchen in Berlin und Cölln das repräsentativste war.

Nach dem Übertritt des Kurfürsten und des Adels wurde die Reformation im ganzen Kreis Teltow durchgeführt.

Den Erfolg beschreibt ein Chronist folgendermaßen: Es machte erst ein und der andere der Geistlichen Schwierigkeiten, sich umzustellen, hingegen freute sich die Gemeinde umsomehr, das liebe Wort Gottes in der Teutschen Sprache lesen zu können, daher manche

Hausväter hierselbst solche verdeutschte Bibel sich sofort anschafften.

Als erster evangelischer Geistlicher wurde 1546 bei der ersten Generalkirchenvisitation Kaspar Tornow von dem Generalsuperintendenten Jakob Stratner eingeführt; Tornow war der Hauslehrer Mathias v. Schwanebecks, mit diesem ist er damals mit nach Wittenberg gegangen.

Der Pfarrer von Dahlem, Simon Haupt, trat ebenfalls frühzeitig zum evangelischen Glauben über und wurde Diakonus in Teltow. Dahlem verband man darauf mit Wilmersdorf. Die Pfarrer von Ruhlsdorf und Stahnsdorf, Schmidt und Pfeil, waren ebenso lutherisch gesinnt wie Andreas Gering in Giesensdorf.

In Steglitz war Cyriakus Lufft der Geistliche; er wollte von der Neuerung nichts wissen. Als die Gemeinde ihn zum Übertritt drängte, ging er 1540 nach Hildesheim. Die Patrone von Steglitz, von Spiel, wandten sich an Andreas Gering, der von Giesensdorf aus auch das Pfarramt von Steglitz mit übernahm.

Die Kirche war zwar von Rom losgelöst, stand jedoch nun in Abhängigkeit zum Landesherrn.

Die geistlichen Güter wurden nach 1540 eingezogen, und an die Stelle des Bischofs von Brandenburg oder des Abts von Lehnin trat fortan für die meisten Orte auf dem Teltow der Kurfürst. Über den Zustand der Kirchen, die Einkünfte der Pfarrer und dergleichen unterrichtete ein Protokoll, das bei Visitationen auf Veranlassung des Kurfürsten aufgenommen werden mußte.

1540 wurde die märkische Kirchenordnung erlassen, an der Joachim II. mit großem Einsatz beteiligt war. Einiges wurde beibehalten, die Predigt des Evangeliums freigegeben.

Als sehr schwierig erwies sich die Visitation der Kirchen und Klöster; diese Verantwortung erhielt Johann Weinlöben. Der Sohn eines Treuenbrietzener Notars reiste im Jahre 1541 von einem Teltowdorf zum anderen, dabei schrieb er Protokolle über die einzelnen Orte.

Er zählte Kelch, Monstranz und silberne Löffel, berichtete, daß die Pfarrer in Groß-Ziethen, Rudow und Giesensdorf ihre Hufen selbst beackern, in Giesensdorf stehe dem Pfarrer frei, mit seinem Kahn auf dem See zu fischen ...

Die größte Schwierigkeit besteht darin, der Kirche enteignetes Gut wieder zurückzugeben. So hatte Joachim Bettin, Patron von Diedersdorf, außer der Monstranz auch den „Pfarrhoff sampt 2 Wurden oder Stuck Landes zu sich genommen".

Zu „Lutken Kynitz" nahmen sie dem „Pfarren von der Winthmollen darselbst“ eine jährliche Hebung von 12 Scheffel Roggen weg. Der Adel hat also teilweise eine eigene Säkularisation durchgeführt, Weinlöben hatte dagegen anzugehen.

In den Städten erfolgte die kirchliche Neuordnung anders: Einziehung der Einkünfte der kirchlichen Stiftungen und Körperschaften, Bildung einer Kirchenkasse, Reduzierung der Zahl der Kleriker, Ersetzung der bischöflichen Oberaufsicht durch eine landesherrliche. Die Wahl des Pfarrers stand beim städtischen Rat, entsprechend den Beschlüssen des märkischen Landtages von 1540.

Die Visitatoren haben 1551 noch einmal die „Dorffer ufm Teltow visitieret“. Weinlöb schrieb dem Kurfürsten:

„Wär’ es nicht ein so heilsam Werk, verfallene Kirchen zu bauen, dem armen Volk christliche Kirchen zu geben und dem Kirchenraub zu wehren, ich würde Eure Fürstliche Gnaden längst um Urlaub und Ablaß gebeten haben.“

Die bischöflichen Güter übertrug Joachim II. seinem Sohn Johann Georg. So kamen Teltow mit Schönow und Stolpe unter ein neugebildetes kurfürstliches Amt, dessen Mittelpunkt die alte Bischofsburg Ziesar war.

Lehnin wurde 1542 aufgelöst, die Klostergüter Zehlendorf und Gütergotz kamen in Joachims Besitz.

Joachim II. nahm für sich in Anspruch, in weltlichen und in geistlichen Angelegenheiten für Recht und Gerechtigkeit zu sorgen. Einige Geistliche beklagten sich über unevangelische Zeremonien.

Wichtig für die märkische Kirche war es, qualifizierte Pfarrer zu finden, die sich des „gemeinen Hauffens“ annahmen, die zum Teil „weder von Gott noch seinem Wortte oder Sacrament wissen“. Nur wenig junge Geistliche mit „Wittenberger Ausbildung“ kamen in die Mark, wie Martin Seligstat, der das Evangelium in der Beuthenschen Kirche bei dem edlen Herrn v. Schlabrendorf lehrte. Erst nach Jahrzehnten festigte sich das neue Kirchenleben.

Als Mitte des 17. Jahrhunderts Paul Gerhardt als Propst nach Mittenwalde kam, konnte sich seine Dichterkraft nur auf Luthers Grundlagen entfalten.

Paul Gerhardt, am 12. März 1607 im Kurfürstentum Sachsen, in Gräfenhainichen, geboren, wurde mit 14 Jahren Waise. Seiner großen Bescheidenheit ist es zu „verdanken“, daß er uns keine Aufzeichnungen aus seinem eigenen Leben hinterlassen hat. Eine höhere Schulbildung erwarb er ab 1622 in Grimma an der Mulde, neben Schulpforta bei Naumburg und St. Afra in Meißen eine der drei säch-

Mittenwalde, Eingangsbereich des Paul-Gerhardt-Hauses mit Abbildung des Kirchenliederdichters.
In der Moritzkirche war Paul Gerhardt von 1651–1657 Pfarrer.

sischen Fürstenschulen. Auf dieser strengen Lehranstalt wurde Paul Gerhardt durch seine Lehrer mit dem Luthertum konfrontiert.

1628 ließ er sich zum Studium der Theologie in Wittenberg einschreiben, hier hatte er es ausschließlich mit überzeugten Lutheranern zu tun. Durch den Dreißigjährigen Krieg verlängerte sich seine Studienzeit um Jahre. Die grauenhaften Bilder des Krieges haben Paul Gerhardt stark geprägt. Bis zu seinem 45. Lebensjahr ist er ohne kirchliche Anstellung geblieben.

Im Hause des Kammergerichtsadvokaten Andreas Berthold in Berlin arbeitete Paul Gerhardt ab 1643 als Privatlehrer. Dessen Tochter Anna Maria heiratete er 1655, als er bereits 48 Jahre alt war. In dieser Zeit waren schon mehrere seiner 135 Lieder gedruckt. Vertont und zusammengestellt wurden sie vom Kantor der Berliner Nikolaikirche, Johann Crüger. Noch heute finden wir mehr als 30 Lieder in den Gesangbüchern der evangelischen Kirche, einige sogar in Gesangbüchern der katholischen.

Paul Gerhardts erstes Pfarramt war das des Propstes in Mittenwalde. Das Brandenburgische Konsitorium hatte ihn dem Magistrat von Mittenwalde empfohlen: „... eine solche Person fürhalten, deren Fleiß ... bekannt, die eines guten Geistes und ungefälschter Lehre, dabei auch eines ehrlichen, friedliebenden Gemüts und untadelhaften Lebens ist ...“. Am 18. November 1651 empfing er die Weihe zu seinem Amt in der Berliner Nikolaikirche.

Von der mittelalterlichen Städteherrlichkeit Mittenwaldes war nach dem Dreißigjährigen Krieg nicht mehr viel übriggeblieben, zu häufig waren Tod und zu groß waren Verwüstungen in dieser Stadt. Brandschatzungen der Kaiserlichen und Schweden hatten den einstigen Wohlstand der Bürger völlig vernichtet. Vielen Mittenwaldern hatte Paul Gerhardt aus der Seele gesprochen, als er schrieb:

Wir gehn dahin und wandern
Von einem Jahr zum andern,
Wir leben und gedeyen
Vom alten zu dem neuen.
Durch so viel Angst und Plagen,
Durch Zittern und durch Zagen,
Durch Krieg und große Schrecken,
Die alle Welt bedecken.

(Aus: „Nun laßt uns gehn und treten“ 1653)

Dieses Lied begleitete den General von Zieten in der Schlacht von Leuthen während des Siebenjährigen Krieges; er ließ sich auch von

Schnitzaltar von 1514 in der Mittenwalder Moritzkirche.

Friedrich II. nicht davon abbringen, es ständig mit seinen Husaren zu singen.

Vom 1. 1. 1652 bis zum Ende des Jahres 1656 hatte Paul Gerhardt das Amt an der St. Moritzkirche in Mittenwalde inne. Am 19. Mai 1656 wurde die Tochter Maria Elisabeth geboren. Eine Grabtafel in der Mittenwalder Kirche läßt erkennen, daß das Mädchen schon am 14. Januar 1657 stirbt. Friedrich Wilhelm IV. ließ daneben ein Bildnis des Dichters aufhängen, dessen Original in der Paul-Gerhardt-Kirche von Lübben zu finden ist.

Die bekanntesten seiner Lieder sind in der Mittenwalder Zeit entstanden, so zum Beispiel „Wie soll ich dich empfangen", „Fröhlich soll mein Herze springen", „Ich steh an deiner Krippe hier" (dieses Lied war Dietrich Bonhoeffer ein großer Trost vor seiner Hinrichtung am 9. April 1945), „Nun laßt uns gehn und treten", „Du meine Seele singe", „Ich singe dir mit Herz und Mund", „Sollt ich meinem Gott nicht singen", „Befiehl du deine Wege" (Wegbegleiter Königin Luises in schwerer Zeit 1806 nach Ostpreußen) und 1656 „O Haupt voll Blut und Wunden", sicher angeregt durch das Christusbild mit der Dornenkrone auf der Predella des Mittenwalder Altares, welches er täglich vor Augen hatte. „Nun ruhen alle Wälder" ist nicht in Mittenwalde entstanden, sondern 1647 in Berlin.

Paul Gerhardts Aufenthalt in Mittenwalde ist für die Geschichte des deutschen Kirchenliedes von großer Bedeutung. Seine letzte Eintragung ins Kirchenbuch vollzog er hier am 28. Dezember 1656. Im Juli 1657 folgte er einem Ruf als Diakonus an die Berliner Nikolaikirche. Er tat dies auch mit Rücksichtnahme auf seine Frau, die sich als Berlinerin nie so richtig wohl in Mittenwalde gefühlt hatte. In Berlin versiegte die Quelle des Liederdichters immer mehr, konfessionelle Streitigkeiten zwischen den Anhängern Luthers und den Reformierten standen leider im Mittelpunkt seiner Tätigkeit als Geistlicher.

Nach dem Dreißigjährigen Krieg fand die verwüstete Mark Brandenburg unter dem Großen Kurfürsten schnell zurück zu Recht und Ordnung; dies war jedoch ohne den Einsatz der lutherischen Bevölkerung nicht möglich, deren geduldige Unterordnung unter die Anweisungen des Landesherrn einen raschen Aufschwung brachte. Umso enttäuschender das Vorgehen Friedrich Wilhelms, Kirchenfragen betreffend. Dabei ließ er jedes Fingerspitzengefühl vermissen, indem er diverse Verbote aussprach bzw. Rechte einschränkte. So wurde es märkischen Theologiestudenten 1662 verboten, in Wittenberg zu studieren; 1665 erhielt das Berliner Konsistorium einen reformierten Präsidenten, viele Geistliche wurden ihres Amtes enthoben und verließen Berlin.

Als starrer Lutheraner hatte sich Paul Gerhardt nicht den Friedensvorschlägen des zum Teil wohlgesinnten Kurfürsten fügen können und legte 1667 freiwillig sein Amt nieder.

Wie kam es dazu?

Die Hohenzollern waren 1614 aus machtpolitischen Gründen wegen der Besitznahme rheinischer Exklaven, wie Kleve, Mark und Ravensberg, zum calvinistischen Glauben übergetreten.

Der Große Kurfürst (1640–1688) war als überzeugter Calvinist selbst ein Freund einiger Lieder Paul Gerhardts und machte diesem ein Angebot, das anderen Geistlichen Brandenburgs nicht unterbreitet wurde: Er brauche das Toleranzedikt nicht zu unterschreiben, sondern nur die mündliche Zusage zu geben, es durch Wort und Tat einzuhalten.

Das Toleranzedikt besagte, daß Calvinisten und Lutheraner sich öffentlich tolerieren mögen und sich nicht schmähen und schelten sollen.

Paul Gerhardt jedoch, der von der Kanzel nie gegen die Calvinisten predigte, blieb kompromißlos. Trotz vieler Fürsprachen aus der Berliner Bevölkerung kam es zu keiner Einigung.

Fast zwei Jahre blieb Paul Gerhardt ohne Anstellung, ehe er sein letztes Pfarramt 1669 antrat. Mit seinem einzig ihm verbliebenen Sohn zog er nach Lübben, das damals außerhalb Brandenburgs lag und bis 1815 zu Kursachsen gehörte. Seine Frau und vier seiner Kinder hatte er vorher zu Grabe getragen.

Bis zu seinem Tode 1676 lebte Paul Gerhardt nun zurückgezogen und hat während seines letzten Lebensabschnittes kein Lied mehr schreiben können.

Die Grabstätte des nach Martin Luther bedeutendsten deutschen Kirchenliederdichters befindet sich in der Nähe des Altars der Paul-Gerhardt-Kirche in Lübben, die bis 1930 Nikolaikirche hieß.

Der Dreißigjährige Krieg

Die große europäische Auseinandersetzung auf deutschem Boden, die nur vordergründig religiös motiviert war, mußte die Mark Brandenburg ihrer zentralen Lage gemäß stark in Mitleidenschaft ziehen, jedoch waren die nördlichen Gebiete – Prignitz, Ruppin und Uckermark – ebenso wie das angrenzende Mecklenburg weit stärker betroffen als der Teltow. Während hier nur die Bevölkerung einzelner Orte wie Wusterhausen und Zehlendorf, die an den Heerstraßen lagen, nahezu völlig ausstarb, erloschen die Kampfhandlungen in Mecklenburg und der nördlichen Mark Brandenburg, wo viele Städte und Dörfer menschenleer waren, aus Mangel an Proviant für Soldaten und Pferde gegen Ende des Krieges von selbst. Abseits gelegene Orte wie Schmöckwitz und Teupitz retteten sich verhältnismäßig gut über den Krieg. Insgesamt waren 1652, als der Landreiter die Folgen des Krieges ermittelte, etwa 2/3 der Bauern- und Kossätenstellen im Teltow nicht besetzt. In den Städten fehlten bis zu 60% der Bevölkerung.

Hierbei waren die Neusiedler berücksichtigt, Flüchtlinge und ehemalige Soldaten, die sich in den Dörfern angesiedelt hatten. Dabei kam es zu starker Durchmischung der Bevölkerung, wenn etwa in Klein-Kienitz ein Schwede neben einem Berliner und zwei Bauern aus Brusendorf und Rotzis einträchtig ackerte.

Ob der Krieg sich in der Mark weniger ausgewirkt hätte, wenn Brandenburg einen stärkeren und geschickteren Regenten gehabt hätte, ist schwer zu sagen. Kurfürst Georg Wilhelm jedenfalls, der die Geschicke des Landes von 1619 bis zu seinem Tode im Jahre 1640 lenkte, konnte sich für keine der beiden Kriegsparteien entscheiden. Er flüchtete immer wieder für längere Perioden nach Königsberg und überließ die Entscheidungen seinem engsten Berater und Vertrauten, Graf Adam zu Schwarzenberg, einem gläubigen Katholiken. Ihn hatte er von Kleve, wo Georg Wilhelm seit 1615 Statthalter gewesen war, mitgebracht. Der Kurfürst gehörte der reformierten Kirche an, und so bot schon die brandenburgische Regierung ein Bild religiöser Spaltung, was sich bei den politischen Entscheidungen im Laufe des Krieges verhängnisvoll auswirken mußte.

Ihre ersten Erfahrungen mit dem Kriegsgeschehen machten die Märker, als seltsame Haufen abenteuerlustiger Engländer durch die Mark kamen und sich auf ihrem Wege vorübergehend in Schöneberg, Tempelhof und Britz einquartierten. Zu dem seltsamen Haufen zählten entlassene Sträflinge, die der englische König Jakob I. seinem Schwiegersohn, dem zum böhmischen König gewählten Kurfürsten Friedrich V. von der Pfalz, in seiner Auseinandersetzung mit dem deutschen Kaiser Ferdinand II. zu Hilfe schickte. Die Berliner und Cöllner waren in heller Aufregung und bewaffneten sich.

Die vermutete Gefahr ging schnell vorüber. Die Engländer zogen weiter. Der Böhmenkönig floh nach der Schlacht am Weißen Berge bei Prag.

Ernster wurde es für die Märker, als der dänische König im Auftrage der protestantischen Mächte England und Holland und mit Hilfe der niedersächsischen Stände ein Heer aufstellte, das vom Grafen Mansfeld befehligt wurde. Er traf auf das kaiserliche Heer unter Tilly und eine von Wallenstein befehligte katholische Streitmacht. 1626 verlor Mansfeld in Kämpfen gegen beide.

Mansfelds Truppen zogen sich durch die Mark nach Schlesien zurück. Die Märker wurden aufgerufen, sich zu bewaffnen, hatten aber der Soldateska nichts entgegenzusetzen. Mit Sensen verteidigte sich das Landvolk verzweifelt.

Im Sommer 1626 folgten Wallensteins Truppen den Mansfeldern und überfluteten die Mittelmark. Hans von Wilmersdorf, Hauptmann der kurfürstlichen Ämter Mühlenhof und Mühlenbeck, wurde beauftragt, Wallenstein aufzusuchen und um schonende Behandlung der Mark zu bitten. Der Erfolg blieb gering. Wallenstein war nicht gesonnen, seine Söldner zu disziplinieren.

1627 wurden die Städte und die Ritterschaft der um Berlin liegenden Kreise, auch des Teltow, aufgeboten, ihre Streitkräfte zur Musterung nach Berlin zu schicken. Adam Valentin von Redern sollte am 2. April die versammelte Wehr in Augenschein nehmen. Es erwies sich, daß die nach mittelalterlicher Ordnung aufgebotene Kriegsmacht modernen Anforderungen nicht mehr genügte. Jetzt bestanden Söldnerheere aus Zehntausenden, denen die nach dem Lehnsrecht aufgebotenen Truppen nicht im entferntesten gewachsen waren. Die Schenken von Landsberg erschienen mit sieben Pferden, die Schlabrendorfs mit vier. Mittenwalde schickte zwei Pferde, Berlin neun, Köpenick und Trebbin verweigerten sich ganz. Was sollte der zusammengelaufene Haufe, der noch dazu miserabel bewaffnet war, gegen Wallensteins und Tillys Streitkräfte, die aus kriegserfahrenen Söldnern bestanden, ausrichten?

Schwarzenberg konnte den Kurfürsten überreden, die Neutralität aufzugeben und sich dem katholischen Kaiser anzuschließen. Da dessen Truppen im Lande standen, war dieser Entschluß wohl das Klügste. Schwarzenberg ordnete an, für Besoldung und Verpflegung der Truppen Wallensteins zu sorgen, wie es damals Brauch war: Der Krieg ernährte sich aus dem Lande. Da die erforderlichen 30.000 Gulden nicht zusammenkamen, wurde Hans von Wilmersdorf beauftragt, den kaiserlichen Generalwachtmeister um Stundung der Schuld zu bitten. Man kam nach langen Verhandlungen überein, das ausstehende Geld durch Naturalleistungen zu ersetzen.

In dieser schwierigen Situation zog sich Kurfürst Georg Wilhelm mit einem in der Mark angeworbenen Regiment nach Königsberg zurück, wo er bis 1629 blieb. In seiner Gemütsruhe wurde er nur von Abordnungen der Märker gestört, die gegen die Ausplünderung des Landes durch die kaiserlichen Truppen protestierten.

Um die Lasten einigermaßen gleichmäßig zu verteilen, blieb nichts anderes übrig, als eine neue Organisation der Verwaltung zu schaffen. Das Land wurde in Kreise aufgeteilt, die von Kriegskommissaren geleitet wurden, ein Titel, der sich noch lange erhielt, bis er von dem des Landrats abgelöst wurde.

Die Kriegskommissare sollten die von den Truppen geforderten Gelder erheben und diesen direkt abliefern. Diese Aufgabe konnte nur in kleinen Organisationseinheiten, eben den Kreisen, geleistet werden, da die Belastung in den verschiedenen Teilen der Mark sehr unterschiedlich war und Gelder nicht über lange Strecken transportiert werden konnten.

Als Grundlage der Abgabe diente eine neue Steuer, die Kontribution, die wahrscheinlich seit 1626 erhoben wurde. Später wurde sie in die Akzise umgewandelt, einen an den Toren der Städte auf ankommende Waren erhobenen Zoll. Auf dem Lande besteuerte der Kriegskommissar anfangs nur den Besitz des Adels, später auch den kurfürstlichen. Somit wurde in Kriegszeiten eine Verwaltungsordnung geschaffen, die den Landesherrn von den Ständen unabhängig machte. Er war nicht mehr darauf angewiesen, sich von ihnen Steuern bewilligen zu lassen, sondern zog sie über die Kriegskommissare direkt ein. Anfangs wurden die Gelder lediglich für die im Lande stehenden Truppen, auch für die brandenburgischen, verwendet.

Im Teltow war 1628 Ernst Ludwig von Thümen als Kriegskommissar tätig, als die Kaiserlichen sich in Mittenwalde einquartiert hatten. Er legte als Maßeinheit bei der Steuererhebung die Hufe Land zu Grunde, ohne Rücksicht auf ihre Ertragsfähigkeit. Offenbar gelang es den Adligen öfter, Bauernland, das sie eingezogen hatten, bei der Steuerberechnung zu verschweigen. 1628 und 1629 begab sich Hans von Wilmersdorf zu Wallenstein, um wegen der Kriegslasten mit ihm zu verhandeln. Er wurde zwar von dem Heerführer empfangen, erreichte jedoch praktisch nichts. Vergeblich blieb auch das Schreiben der Teltower Bauern an ihren Kurfürsten, in dem sie ihre Belastungen durch die Soldateska eindringlich schilderten.

Die Erfolge der katholischen Truppen ließen die Rückgabe aller seinerzeit im Zuge der Reformation von den weltlichen Machthabern eingezogenen Kirchengüter an ihre früheren Eigentümer befürchten. Der Kaiser, der in diesen Tagen sehr viel Macht hatte, erließ 1629 ein entsprechendes Restitutionsedikt.

Als Retter der Protestanten aus höchster Not erschien im nächsten Jahr der schwedische König Gustav Adolf mit einem Heer auf deutschem Boden. Ihm flogen die Herzen der Protestanten zu, und auch Kurfürst Georg Wilhelm konnte sich nicht länger in abwartende Haltung flüchten. Nach der ergebnislos verlaufenen Unterredung zwischen dem schwedischen König und dem Kurfürsten am 13. Mai 1631 im Walde bei Treptow ließ Gustav Adolf seine Kanonen auf die Residenz richten. Die Kurfürstin bat ihren Mann, erneut zu verhandeln, und Georg Wilhelm kam den Schweden mit einigen Zugeständnissen entgegen. Sie durften Spandau besetzen und rückten über brandenburgischen Boden gegen Tilly vor. Das Volk war ganz auf Seiten der Schweden und unterstützte sie mit seinen schwachen Kräften.

Dessenungeachtet war die Einquartierung der schwedischen Truppen, die von deutschen Söldnern durchsetzt waren, eine ebenso große Plage wie die der kaiserlichen. Im Teltow vergrößerte sich die Not nach dem Ausbrechen der Pest, die besonders im Nuthetal wütete.

Der Kurfürst ließ Hilfstruppen für die Schweden anwerben, die in Zossen und Mittenwalde gemustert wurden. Köpenick erhielt eine brandenburgische Besatzung. Bei der Verteilung der Kriegslasten wurden der Teltow, das Havelland und die Zauche zu einer Gemeinschaft vereinigt. Die Dörfer des Teltow hatten 32% der gesamten Steuerlast zu erbringen.

Groß war das allgemeine Entsetzen, als Gustav Adolf 1632 in der Schlacht bei Lützen gefallen war. Man erwartete die Rückkehr der Kaiserlichen und bot eine Miliz auf, zu der aus jedem Dorf zwei bis drei Mann und jeder zehnte in den Städten abgeordnet werden sollte. Einstweilen jedoch blieben die Schweden im Lande, wo sich eine gewisse Beruhigung abzeichnete.

1635 stellte sich Kurfürst Georg Wilhelm erneut auf die Seite der Kaiserlichen und schloß in Prag einen Frieden ab, der ihm alle in der Reformation zugefallenen Besitzungen bestätigte.

Nun ging es gegen die Schweden, zusammen mit den Sachsen. Für den geplanten Feldzug wurden auch im Teltow Truppen angeworben und Kontributionen erhoben. Die Schweden unter General Baner schlugen jedoch 1636 bei Wittstock das sächsisch-kaiserliche Heer und drangen erneut in die Mark ein, wo sie sich für den Frontwechsel des Kurfürsten an der Bevölkerung rächten. Alle Greuel, die man der schwedischen Soldateska noch lange später nachsagte, geschahen wohl in diesem und den folgenden Jahren, wie der Krieg überhaupt, je länger er währte, immer grausamer wurde. Städte und Dörfer des Teltow wurden gebrandschatzt, die Menschen erschlagen und gemartert. 1637 ermordeten Söldner den Propst in Mittenwalde. Zu allem Unglück brach die Pest wieder aus. Die Menschen flohen aus den Dörfern in die Städte. Man verscharrte die Leichen und vernagelte die verseuchten Häuser. Viele Menschen nahmen sich das Leben, andere, wie achtzehn Bauern aus Zossen, flüchteten aus dem verwüsteten Lande.

Der Kurfürst floh abermals nach Königsberg, wo er 1640 starb. Schwarzenberg, der sich in der Zitadelle Spandau aufhielt, regierte die Mark nach Kriegsrecht. Weder die Stände, noch die Geheimen Räte wurden befragt. Die Bevölkerung verfiel in tiefe Verzweiflung. Es war unmöglich geworden, noch unbehelligt den Acker zu bestellen. Das schlimmste Jahr war wohl 1638. Die Kaiserlichen preßten das letzte an Vieh, Getreide und Geld aus den Kreisen heraus.

1641 zogen die Schweden unter General Torsten Stalhans – 2.000 Mann Fußvolk und 1.500 Reiter, sowie acht Kanonen – von Cottbus nach Berlin. Stalhandske war Finne, hatte schnell Karriere gemacht und wurde allgemein gefürchtet. Er sollte sich für die brandenburgischen Unternehmungen gegen die rückwärtigen Verbindungen der Schweden in der Niederlausitz, die von Schwarzenberg veranlaßt worden waren, rächen. Die brandenburgischen Vorhuten zum Schutze Berlins wichen zurück. Die Dragonerkompanie des Hauptmanns Georg Zehntmeyer sollte in Zossen den wichtigsten Notteübergang sichern. Die Zossener Burg war in letzter Zeit befestigt worden. Es gab dort nur 130 Verteidiger. Sie waren mit großkalibrigen Gewehren bewaffnet, die auf Böcken wie Geschütze befestigt werden mußten. Allerdings war die Burg durch Sümpfe geschützt, hatte einen festen Turm und starke Kellergewölbe.

Die Schweden beschossen Zossen drei Tage lang mit ihren Kanonen und gingen erst am vierten Tag zum Sturmangriff vor. Die Gräben wurden mit Faschinenbündeln gefüllt und Leitern an die Mauern gelegt. Hauptmann Zehntmeyer wurde von einer Kugel getötet. Ein Obristleutnant übernahm die Führung der Verteidigung. Der Sturm-

Zossen, Burgturm vor der Zerstörung 1641; Abbruch 1755.

angriff der Schweden scheiterte, ebenso der zweite. Als jedoch der anfangs verheimlichte Tod Zehntmeyers bekannt wurde, verloren die Soldaten den Mut und ergaben sich beim dritten Sturmangriff am 17. Januar. Einige Reiter schlugen sich nach Berlin durch und überbrachten die schlechte Nachricht. Der Obristleutnant verteidigte sich mit einigen Leuten weiter vom Turm aus und wich erst, als dieser in Brand geriet. Die Schweden sprengten den Turm, schliffen die Festung und füllten den Graben mit der Erdmasse des Walles auf.

Mitten im tiefsten Elend trat Friedrich Wilhelm, der einzige Sohn Georg Wilhelms, die Regierung an. Für seine gewaltige Leistung wurde er später zurecht der Große Kurfürst genannt.

Der Krieg schleppte sich fort. Die Berliner fürchteten einen Angriff der Schweden. Schwarzenberg ließ die Vorstädte niederbrennen – umsonst. Der Feind kam nicht.

Der Kurfürst hatte keine weiteren Angriffe vor und ließ die Ausgaben für die Truppen kürzen, worauf einzelne Regimenter das Land verwüsteten, auch den Teltow. 1641 starb Schwarzenberg. Waffenstillstandsverhandlungen mit Schweden führten zur Einstellung der

Kampfhandlungen. Die brandenburgischen Truppen wurden abgebaut. Nur die Festen blieben von Soldaten besetzt. 1643 traf der Kurfürst in Küstrin ein und übernahm selbst die Regierung des Landes. Sein Vertrauter war Konrad von Burgsdorff. Er sollte die Aufrüstung leiten, die nun zur Befreiung des Landes notwendig schien.

Die Äcker waren in den letzten Kriegsjahren kaum mehr bestellt worden. Da sich die Bevölkerungszahl halbiert hatte, kam es zu Getreideüberschüssen. Die adligen Gutsbesitzer ergriffen die günstige Gelegenheit, sich alles herrenlose Land anzueignen, und klagten über Mangel an Bauern, die wegen der Frondienste in die Städte flüchteten. Die Plünderungen bei Truppendurchzügen der Schweden und Kaiserlichen setzten sich noch jahrelang fort. 1642 zog der schwedische General Torstensen mit seinen Truppen raubend und plündernd durch die Mark. Noch im letzten Kriegsjahr waren die Zustände auf dem Lande unsicher, gab es doch neben den regulären Soldaten viele Marodeure, die auf eigene Faust Krieg führten.

Als endlich die Friedensglocken läuteten, war die Bevölkerung im Teltow auf die Hälfte reduziert. Dörfer und Städte waren verwüstet, die Äcker teilweise mit Strauchwerk bedeckt. Es dauerte hundert Jahre die materiellen Verluste auszugleichen und die Bevölkerungszahl auf den Vorkriegsstand zu bringen. Der Verfall der Kultur war schwer zu beheben, und es gab lange keinen Pfarrer, der den Anforderungen seines Amtes genügt hätte.

Kolonisierung im 17. und 18. Jahrhundert

Rixdorf – Friedrich II. – Philippsthal – Die Pfälzer

Der Dreißigjährige Krieg hatte nicht nur das Land verwüstet, sondern auch von Menschen entleert. Sie waren zu Tausenden, oft auf unmenschliche Weise, getötet worden, Seuchen zum Opfer gefallen oder in Gebiete geflohen, die vom Krieg weniger berührt worden waren.

Der Wiederaufbau des Landes konnte ohne neue Ansiedler nicht gelingen. Das erkannte der Große Kurfürst, der, selber in den Niederlanden aufgewachsen, noch vor Beendigung des Krieges begann, niederländische und friesische Bauern ins Land zu holen.

Seit 1650 baute seine Gattin, Luise Henriette von Nassau-Oranien, das nach ihr benannte Oranienburg, vormals Bötzow, mit Hilfe niederländischer Kolonisten auf. Diese wurden auch von Adligen angesiedelt, um Sümpfe zu entwässern, weil sie die fachliche Eignung dafür aus ihrer Heimat mitbrachten. So wurden das Havelbruchgebiet bei Liebenwalde und das Dossebruch bei Neustadt trockengelegt.

Die politischen Verfolgungen der Hugenotten in Frankreich kamen dem Kurfürsten zu paß. Nachdem Ludwig XIV. 1685 im Edikt von Fontainebleau ihre Sonderstellung beseitigt hatte und sie ihren protestantischen Glauben nicht mehr frei bekennen durften, flohen 200.000 Hugenotten aus dem Lande, leistungswillige, selbständige und hochgebildete Menschen, von denen bis 1700 etwa 10.000 in der Mark aufgenommen wurden. Sie brachten viele neue Handwerke und Gewerbe ins Land und befruchteten das geistige Leben, zumal der Adel überall französisch sprach. Auch die ihres abweichenden Glaubens wegen aus Frankreich vertriebenen Waldenser wurden gastlich in der Mark aufgenommen. Alle Flüchtlinge erfuhren mannigfache Hilfe bei der Ansiedlung und durften ihre Religion ungehindert ausüben.

1689 ermutigte Kurfürst Friedrich III. Pfälzer, die nach der Verwüstung des Landes durch die Truppen Ludwig XIV. auswandern wollten, in die Mark zu kommen, und sicherte ihnen Selbstverwaltungsrechte zu, Kirchen, Schulen und Gerichte, in denen sie nach gewohntem Brauch und Recht verfahren durften. Unter den Pfälzern waren viele, deren Vorfahren hundert Jahre zuvor wegen religiöser Verfolgung aus Flandern geflohen waren.

Friedrich Wilhelm I. setzte die preußische Tradition der Liberalität fort und siedelte 1732 Glaubensflüchtlinge aus Salzburg in Ostpreußen an. Ihnen folgten 1732 die Nachkommen der Hussiten, Glaubensflüchtlinge aus Böhmen und Mähren, von denen sich schon vorher etliche in Sachsen niedergelassen hatten.

Obwohl eine um Aufnahme nachsuchende Deputation vom König abgewiesen worden war, zogen sie 1732 von Cottbus nach Berlin und wurden in Cölln und der Friedrichstadt untergebracht. Der König ließ ihnen 1735/37 die Bethlehemskirche bauen.

1737 siedelten sich 19 böhmische Familien in Rixdorf an. Sie brachten ihren Prediger mit, der in der Kirche nach dem deutschen Gottesdienst seines Amtes walten durfte. Die Gehöfte für die Ansiedler wurden auf Kosten des Königs neben dem Dorf entlang der Straße nach Berlin gebaut. 30 Einlieger fanden bei den 18 Familien Unterkunft. Die Gemeinde hieß Böhmisch-Rixdorf und gehörte zum Amt Mühlenhof. Nachdem sich die Böhmen stark vermehrt hatten, wurden 1751 mit Genehmigung Friedrich II. auf Kosten der Hauswirte weitere 20

Häuser in Rixdorf gebaut. Die Flüchtlinge lernten Deutsch, hielten aber die Gottesdienste in heimischer Sprache ab. Wer nicht sein Auskommen in der Landwirtschaft fand, arbeitete als Tagelöhner, Spinner oder Weber.

Die Rixdorfer spalteten sich bald in Lutheraner und Reformierte auf. Von ersteren sonderten sich die Mährischen Brüder ab, die sich zu den Herrnhuter Pietisten zählten und sich diesen 1756 offiziell anschlossen. 1753 finanzierte der König den Bau eines Schul- und Bethauses, wenige Jahre später ein Gemeindehaus, in dem auch der Prediger wohnte. Zwar vermischten sich die Böhmen nach anfänglicher strenger Absonderung allmählich mit den deutschen Nachbarn, ihr Brauchtum blieb aber bis in unser Jahrhundert erhalten.

König Friedrich II. war ebenso wie seine Vorgänger bestrebt, die wirtschaftliche und militärische Kraft des Landes durch Ansiedlung von Ausländern zu stärken. In den Dörfern sollten die unbesetzten Bauernstellen, die zum Teil noch seit dem Dreißigjährigen Kriege wüst lagen, belegt werden. Friedrich der Große gründete viele Dörfer, besonders in den drainierten Gebieten des Rhinluches und Oderbruches.

Während seiner Regierungszeit wurden in der Mark Brandenburg 350 Kolonien ins Leben gerufen. Die Bevölkerung wuchs um 65.000 Neusiedler. Man berücksichtigte die unterschiedliche Eignung der Kolonisten. Die Pfälzer bauten Obst und Gemüse an, die Sachsen spannen und webten, die Franzosen brachten die unterschiedlichsten neuen Gewerbe ins Land, die vorher in der Mark unbekannt gewesen waren.

Im Kreise Teltow siedelten sich Pfälzer in Müggelheim und Grünau, Sachsen in Philippsthal, Zossen, Klausdorf, Trebbin und Schöneweide, Böhmen in Rixdorf und Nowawes, Thüringer in Zossen, Württemberger in Mittenwalde, Schweizer in Trebbin und Polen in verschiedenen Orten an.

Alle Neusiedler bekamen für jede zurückgelegte Meile zwei Groschen Reisegeld. Sie erhielten ihren Hof geschenkt, abgesehen von geringer Eigenhilfe. Eine Grundausrüstung an Geräten wurde unentgeltlich gestellt, ebenso Saatgut und Vieh. Für eine Reihe von Jahren entfielen alle Abgaben und – was vielen nach traurigen Erfahrungen in der Heimat besonders wichtig war – der Militärdienst für zwei oder sogar drei Generationen. Die Ein- oder Zweifamilienhäuser kosteten den Staat 250–450 Taler.

Viele Kolonisten entwässerten sumpfige Gebiete im Teltow. Dadurch wurden 60.000 Morgen Wiesenland gewonnen. Nach 1775 wurde die Nuthe reguliert und schiffbar gemacht und die Notte reguliert. Kleinere Brüche zwischen Schöneberg und Charlottenburg, Trebbin und Wusterhausen, sowie bei Köpenick, Britz und Zehlendorf wurden trokkengelegt.

Friedrich kümmerte sich auch, besonders nach dem Siebenjährigen Krieg, um die Verbesserung der Landwirtschaft. Weite Sandflächen, die der Mark den Beinamen „Streusandbüchse des Heiligen Römischen Reiches" eingetragen hatten, wurden durch Anpflanzung von Kiefern befestigt. Die englische Form der Dreifelderwirtschaft, in der nach zwei Jahren Getreideanbau Kartoffeln gelegt wurden, fand ihre Erprobung auf den Staatsgütern, so in Gütergotz (heute Güterfelde) und Stahnsdorf. Andreas Wegely unternahm in Charlottenburg Versuche mit englischer Landwirtschaft, die den König zufriedenstellten. Auch der Anbau von Futterpflanzen wie der Lupine und der Luzerne wurde erprobt.

Die Einrichtung von Viehmärkten sollte die Aufzucht von Rindern und Pferden fördern. Diese Bemühungen unterstützten die Generallinie des Königs, möglichst wenig aus dem Ausland einzuführen, um Devisen zu sparen. Die Aufzucht spanischer Schafe auf den Domänen Schöneberg und Wilmersdorf ergab Wolle von feiner Qualität.

Der aus Schlesien verpflichtete Oberamtmann Schmidt kümmerte sich um die seit dem Dreißigjährigen Krieg darniederliegende Fischzucht und ließ in vielen Seen des Amtes Zossen Karpfen aussetzen.

Überall im Lande wurden auf Befehl des Königs Obstbäume gepflanzt. Die Straßen sollten von ihnen eingesäumt werden. Vorzügliche Obstgärten entstanden in Zehlendorf.

Weniger erfolgreich waren die Bemühungen des Königs um die Seidenproduktion. Die meisten der angepflanzten Maulbeerbäume, deren Blätter Nahrung für die Seidenraupen liefern sollten, gingen früher oder später ein, und die Aufzucht der Raupen gestaltete sich bei den hohen Ansprüchen der Tiere an Pflege und gleichbleibende Wärme ausgesprochen schwierig. Pfarrer und Lehrer hatten nach Meinung des Königs Zeit genug, sich um die Seidenraupenzucht zu kümmern. Daher finden wir heute noch in der Nähe mancher alten Kirche Maulbeerbäume aus jener Zeit.

Eine Seidenfabrik, die die Kokons der Seidenraupen verarbeitete, richtete ein Franzose aus Lyon in Köpenick ein. Hauptabnehmer der Seidenstoffe war der Adel.

Wieviel mühsame Kleinarbeit der Behörden nötig war, um eine Kolonie nicht nur zu gründen, sondern auch am Leben zu halten, zeigen viele Ortschroniken.

Kriegsrat Pfeiffer, der besonders mit der Ansiedlung von Kolonisten betraut war, erhielt vom König die Anweisung, ein Spinnerdorf für 50 Familien in der Niederheide bei Nudow unweit von Saarmund zu gründen. Für die Unterbringung der Menschen waren 25 Fachwerk-Doppelhäuser geplant, von denen jedes etwa 14 m breit und 7 m tief sein sollte. Das Haus des Schulzen, der zugleich das niedere Gericht ausüben sollte, durfte 17 m lang und 12 m tief sein. Als Gemeinschaftseinrichtungen waren Schule, Hirtenhaus, Dorfkrug, sowie ein Back- und Schlachthaus vorgesehen.

Bei der Vermessung des in Frage kommenden Geländes sollte möglichst viel Heideland genutzt werden. Nur wenige Ackerstücke der Nachbardörfer lagen so unglücklich, daß ihre Inanspruchnahme nicht zu vermeiden war.

Prompt beschwerten sich die Nudower und Schenkendorfer direkt beim König. Sie klagten, daß ihr Hütungsrevier geschmälert würde, und baten, das geplante Dorf an anderer Stelle anzulegen oder sie mit Land zu entschädigen. Kriegsrat Pfeiffer zog den Landrat von Wilmersdorf zu Rate und wies die Beschwerde als unbegründet zurück. Die Nudower hatten nicht nur ihr Einverständnis mit der Dorfgründung erklärt, sondern ihr Hütungsrevier war auch groß genug. Die Schenkendorfer waren lediglich von den Nudowern überredet worden, sich zu beschweren. Pfeiffer wies die Bauern zurecht, weil sie sich direkt an den König gewandt hatten. Obwohl sie nun im Moment zufriedengestellt schienen, gaben einige Querköpfe doch nicht Ruhe und beschwerten sich wenig später erneut, wiederum ohne Erfolg.

Im März 1754 wurde das Land für die neue Dorfanlage vermessen. Der aus dem Militärdienst verabschiedete Wachtmeister Wiedemann bewarb sich um das Schulzengericht, das er bei freier Verfügung über das Baumaterial auf eigene Kosten errichten wollte. Er durfte außer der Landwirtschaft einen kleinen Landhandel mit den nötigsten Lebensmitteln, sowie Bier und Branntwein, betreiben, mußte jedoch die Wolle, die die Einwohner des Ortes verspinnen sollten, von einem bestimmten Fabrikanten holen und das fertige Garn an die Fabrik abliefern.

16 Kolonisten für das neue Dorf, das aus unbekannten Gründen den Namen Philippsthal erhielt, fanden sich, nachdem eine Abordnung die Spinnerdörfer Friedrichshagen, Neuzittau und Schönewalde besichtigt hatte, in der Umgebung von Aschersleben bereit, dorthin umzusiedeln, wenn sie das versprochene Land erhielten. Nachdem sie in der Heimat enteignet worden waren, wurden sie nach Philippsthal gebracht. Drei Familien kamen aus der Gegend von Meiningen. Weitere 14 Familien kamen aus Sachsen und Württemberg.

Bauernhaus in Nudow um 1940. — Haus Friedrichshuld in Philippsthal; hier traf sich die preußische Generalität vor der Schlacht von Großbeeren.

Beim Bau der Häuser gab es Schwierigkeiten. Das Fundament bestand aus Holzklötzen, die Öfen wurden aus Ziegelsteinen gemauert. Nur drei Brunnen standen zur Verfügung, für die man Trantonnen verwendet hatte.

1756 erhielten die Bewohner einen Schulmeister und Küster. Er mußte die Kinder in seiner Wohnstube unterrichten.

Die Kolonisten hatten jährlich 24 Pfund Garn zu spinnen und durften daneben eine kleine Landwirtschaft führen. Sie waren von fast allen Abgaben befreit, durften jedoch ihren Besitz weder beleihen noch verkaufen. Das fähigste Kind sollte den gesamten Besitz erben, worüber das Amt nach dem Vorschlag der Eltern entschied.

Mit den Nudower Nachbarn gab es noch einen handfesten Streit. Sie rotteten sich zusammen und zogen nach Philippsthal, weil ein dort gezogener Graben sie angeblich hinderte, ihr Vieh auf die Weide zu treiben. Sie warfen den Graben zu. Die Rädelsführer der Aufrührerischen wurden für acht Tage bei Wasser und Brot eingesperrt und mußten den Graben wiederherstellen.

Nach dem gewonnenen Zweiten Schlesischen Krieg bemühte sich Friedrich der Große um die innere Kolonisation des Landes.

Um Menschen für die Kolonisation zu gewinnen, wurden in verschiedenen deutschen Ländern Aufrufe verbreitet, so auch in der Pfalz. Dort rüsteten sich in Odernheim bei Bad Kreuznach gerade 15 Familien zur Auswanderung nach Amerika. Ihren Besitz hatten sie bereits verkauft. Zwei Abgesandte wurden vom König selbst empfangen und als geeignet zur Ansiedlung eingeschätzt. Zurückgekehrt verbreiteten sie gute Kunde in Odernheim. Gleichzeitig wurden preußische Werber tätig, die solche Unruhe in der Bevölkerung auslösten, daß die Obrigkeit aufmerksam wurde, einen der Werber und mehrere Auswanderungswillige verhaftete und verhörte. Sie ließen sich jedoch trotz der Warnung vor falschen Versprechungen nicht von ihrem Vorhaben abbringen. Siebzehn Familien reisten nach Berlin und wurden nach Köpenick verwiesen, wo sie am 1. Juni 1747 schriftlich ihre Besitzrechte übertragen bekamen. Sie waren 15 Jahre lang von allen Abgaben und dauernd von Dienstverpflichtungen, wie sie damals in den Dörfern üblich waren, befreit. Da sie sich auf eigene Kosten ansiedeln wollten, ihr Vermögen in der Heimat aber beschlagnahmt worden war, bekamen sie vom Staat das nötige Geld geliehen. Erst nachdem der König dem Herzog Johann Christian von Pfalz-Zweibrücken in einem Schreiben sein Mißfallen über Schikanen ausgedrückt hatte, denen die Aussiedlungswilligen ausgesetzt waren, wurden die Vermögen der Odernheimer freigegeben.

Sie machten das Gebiet zwischen den Müggelbergen und der Großen Krampe in mühevoller Arbeit urbar, bauten ihre Höfe selbst und kauften sich die nötigen Ackergeräte. Ihr Ort wurde Müggelheim genannt. Ihr Fleiß besserte die Verhältnisse bald, nur die Anpflanzungen von Weinstöcken am Hang der Müggelberge mißlang. Nach dem Siebenjährigen Krieg errichteten sie auf der Dorfaue ein Schulhaus mit Betsaal. Als Reformierte versorgte sie der Köpenicker Pfarrer.

Weitere Pfälzer wurden 1749 in einem östlich der Dahme gelegenen, mit Kiefern und Eichen bestandenen Waldgebiet angesiedelt. Sie mußten sich das Weidegebiet in der Köpenicker Heide mit den Bauern aus Bohnsdorf und Glienicke teilen. 1754 wurden ihre erblichen Eigentumsrechte schriftlich zugesichert. Sie nannten die Siedlung Grüne-Aue (Grünau).

Besonderes Augenmerk richtete König Friedrich II. auf Wüstungen. Sie sollten wieder für die Landwirtschaft nutzbar gemacht werden. Nördlich von Ragow bei Mittenwalde lag Wiriksdorf, das spätestens 1395 wüst war. Die Ragower bewirtschafteten das Ackerland. Die königlichen Behörden wurden darauf aufmerksam und veranlaßten den Rat von Mittenwalde, Nachforschungen anzustellen. Kriegsrat Brand stellte fest, daß die Ragower Bauern das Wiriksdorfer Ackerland entbehren könnten, die Kossäten jedoch darauf angewiesen seien. Brand hielt es wegen des Wassermangels in der Gegend nicht für ratsam, auf der Wüstung ein Dorf anzulegen. Kolonisten sollten vielmehr, so schlug er vor, in Ragow selbst angesiedelt werden. Im April 1754 wurden vier Pfälzer Familien, die sich seit einen Jahr in Kliestow aufgehalten und auf eine Ansiedlungsmöglichkeit gewartet hatten, nach Mittenwalde gebracht. Fast zwei weitere Jahre mußten sie warten.

Einige junge Männer verpflichteten sich in ihrer Verzweiflung als Soldaten, zur damaligen Zeit wahrhaftig kein leichter Entschluß. 1755 erhielten die Pfälzer endlich je eine Hufe Land auf dem Acker von Wiriksdorf und eine halbe Hufe in Ragow selbst. Zu Neujahr 1756 waren ihre Häuser fertiggestellt. Den Winter über mußten die Kolonisten Arbeit in 2–3 Meilen (15–20 km) Entfernung suchen. Unterstützung erhielten sie von ihren beim Militär dienenden Söhnen.

1756 wurden für die Pfälzer Ackergeräte angeschafft, und sie durften die ganze Ernte für sich behalten. Wiederum zwei Jahre später bekamen sie Weideland zugewiesen. Nur bis 1758 waren sie von Abgaben und bis 1761 von Diensten befreit. Die vollen Besitzrechte an ihrem Land wurden ihnen erst 1791 gerichtlich zugesprochen.

Bei der Kolonisierung von Ödland in den Waldungen an der Spree und Dahme entstanden nach 1790 Adlershof, Johannisthal und Niederschöneweide.

Neben dem alten Schöneberg wurden Böhmen in Neu-Schöneberg angesiedelt. Die wüsten Dörfer Dahmsdorf und Fahlhorst erstanden neu als Vorwerke von Domänen.

1750 holte der Obrist von Retzow 60 böhmische Familien, die als Lutheraner verfolgt wurden, nach Neuendorf bei Potsdam und gründete Nowawes. Auf wertlosem Sandboden entstanden einfache Doppelhäuser. Zwei Jahre später wurde eine Kirche gebaut. Die Ansiedler ernährten sich vom Weben und lieferten ihre Produkte an einen Berliner Fabrikanten, der ihnen die Baumwolle gab. Die Entlohnung war schlecht, und immer wieder versuchten Weber, ihre Ware anderswo zu höheren Preisen zu verkaufen. Manche verkauften heimlich ihre Häuser und flohen. Nach 1780 wurden Maulbeerbaumpflanzungen in Nowawes angelegt. Die Bevölkerung hatte sich schon nach dem Siebenjährigen Krieg durch Zuzüge, auch aus der Schweiz, vermehrt.

Friedrich der Große verstärkte mit der Kolonisation nicht nur die Wirtschaftskraft des Landes, sondern er schuf dort, wo es in seiner Macht stand, auch bessere Lebensbedingungen für die Landbevölkerung: In den Neuansiedlungen und auf den Staatsgütern wurden die Hofdienste auf wenige Wochentage beschränkt. Der König konnte es nicht wagen, den Adel zu ähnlichen Erleichterungen auf seinen Gütern zu zwingen, weil er auf die Hilfe der Oberschicht bei der Organisation des Staates und des Militärs angewiesen war. Getreu seiner aufgeklärten Gesinnung gab er jedoch ein Beispiel der Menschlichkeit.

Die mittelalterliche Ordnung war mit diesen Maßnahmen Friedrichs auf dem Lande ins Wanken geraten. Der nächste Schritt war die Separation, die Aufhebung der Dreifelderwirtschaft, und die Einführung neuer Methoden des Ackerbaus, sowie der Anbau neuer Pflanzen, besonders der Kartoffel, womit die Revolution der Landwirtschaft und die preußischen Reformen des 19. Jahrhunderts sich ankündigten.

Feudalherren auf dem Teltow

Spuren der Feudalherren gibt es nach 40 Jahren DDR auf dem Teltow nur noch in Resten bzw. überwiegend in schlimmem Zustand in Form von umfunktionierten oder verlassenen Gutshäusern und meist desolaten Parkanlagen. Die Bewohner haben 1945 Richtung Westen das Weite gesucht bzw. suchen müssen und melden nach der 1989er Wende ihre Ansprüche an. Die lassen sich jedoch durch die 1949er Regel in den meisten Fällen nicht realisieren, da bis 1949 Enteignete ihren Besitz nicht zurückerhalten werden.

Durch den Dreißigjährigen Krieg hatte auch der Landadel schwere Schäden erlitten, so daß einige alteingesessene Familien auf dem Teltow ihren Besitz nicht mehr behaupten konnten, wie Spiel in Dahlem, Bettin in Diedersdorf und Glasow, Schaum in Lichtenrade und Kahlenberg in Schulzendorf.

In Groß-Ziethen übernahm Flanß das Gut von den Familien Pfuhl und Streithorst, in Jühnsdorf Otterstedt den Besitz von Hake, die Schwerins erwarben 1684 Wendisch-Wilmersdorf für 5.185 Reichstaler.

Viele Güter gingen in die Hände der Hohenzollern über, so Fahlhorst, Ahrensdorf, Schönefeld und viele Orte im Südosten. Ein erheblicher Teil des Adels hat sich jedoch gehalten, wie die Beeren zu Groß Beeren, die Otterstedt in Brusendorf und Dahlewitz, die Hake in Machnow und Heinersdorf, die Liepe zu Blankenfelde, die Schlabrendorf zu Gröben, die Wilmersdorf zu Dahlem und die Görtzke zu Beuthen.

Aus vergangener Zeit hat man vom Adel zum Teil eine falsche Vorstellung. Im 16. Jahrhundert unter Joachim I. war es an der Tagesordnung, daß adlige Junker sich als Wegelagerer und Räuber zeigten. Der Kurfürst bekam mit harten Strafen das Unwesen bald in den Griff. Unter Joachim II. waren die Straßen dann so sicher, daß der Eulenspiegel Brandenburgs, Hans Clauert aus Trebbin, sein Vieh ungestört von Mecklenburg durch den Teltow bis nach Jüterbog treiben konnte. Die märkischen Junker verlegten sich immer mehr auf die Landwirtschaft und hatten mit dem Kornanbau großen Erfolg, aber auch mit der Schafzucht.

Die teltowischen Adelsfamilien waren meist vermögend genug, ihrem Nachwuchs eine gute Ausbildung zu gewähren. So schickten sie die Söhne (damals nur diese) auf das Gymnasium zum Grauen Kloster nach Berlin und anschließend zur Universität nach Frankfurt/Oder. Trotzdem waren die Sitten beim Adel vielfach roh und ungeschliffen, Ausnahmen sollen auf dem Teltow vor allem die vornehmen Schenken von Teupitz gebildet haben. Sie hatten mit dem Ankauf von Wusterhausen ihre Herrschaft bis nördlich der Notte ausgedehnt. Später jedoch kannten auch sie weder Sitte noch Anstand und verringerten ihre Besitztümer infolge von Schulden, von Streit- und Prozeßsucht.

Auch beim niederen Adel ging es ähnlich zu, dabei treten auf dem Teltow immer wieder die Namen v. Hake, Schlabrendorf und Görtzke auf. Die v. Görtzke hatten ihren Stammsitz auf dem Barnim in Fredersdorf bei Alt-Landsberg seit 1412, im 16. Jahrhundert gelangte ein Zweig ins Nuthetal, er wurde Besitzer der Burg Beuthen. Die v. Hakes mehrten im 16. Jahrhundert stetig ihren Besitz, neben Kleinmachnow besaßen sie Kiekebusch und Heinersdorf und zeitweilig auch Jühnsdorf.

Nicht in allen Teltow-Dörfern befanden sich die Güter im Besitz einer Familie; in Löwenbruch gab es drei Höfe! Neben den Bettins waren hier die Otterstedts und Wilmersdorf ansässig, natürlich in einfachen märkischen Verhältnissen. Leider hat sich in Löwenbruch nur ein Gutshaus erhalten; das einfache Fachwerkhaus der Alvensleben wurde 1934 abgebrochen.

Mit Ausnahme von Kleinmachnow sind die Besitzverhältnisse auf dem Teltow einem steten Wechsel unterzogen, so auch in Löwenbruch. Dieses Dorf liegt auf einem Damm, der von Großbeeren aus durch das Bruch gelegt wurde; es wird vom Nuthegraben durchflossen. Interessanterweise hat der Ort eine Zeit lang Leuenbruch geheißen und gehörte schon seit 1346 zum Bistum Meißen, das sich über Zossen und Teupitz Besitz auf dem Teltow sichern konnte. Dazu gehörten auch die Orte Thyrow, Wendisch-Wilmersdorf, Kerzendorf und Genshagen, die der Herrschaft Zossen (den Edlen von Torgow) unterstellt waren.

Nach 1478 fiel Löwenbruch an Brandenburg zurück, hier ließen sich zu der Zeit die drei Anteile unterscheiden:

der Thümen – Bettin und Schliebensche,
der Spiel – Wilmersdorffsche und
der Otterstedt – Alvenslebensche.

1748 vereinte Ernst Ludwig von der Gröben alle drei Anteile in seiner Hand. Er hat der späteren Industriestadt Ludwigsfelde den Namen gegeben. Er war Landrat des Kreises Teltow, später Präsident der Kurmärkischen Kammern und Geheimer Finanzrat. Somit konn-

Das Gutshaus in Klein-Kienitz bewohnte von 1752–1821 die Familie v. Tauentzien. — Das Gutshaus der Familie von Alvensleben in Löwenbruch, 1934 abgebrochen.

te er sich nicht genügend um seine Ländereien kümmern und verpachtete das Gut Löwenbruch bis auf Haus und Garten.

Das heutige Herrenhaus, in dem die Gemeindeverwaltung untergebracht ist, ließ einer seiner Söhne nach seinem Tod 1773 erbauen. Ein weiterer Sohn, der nächste Besitzer, erschoß sich 1805 im Gutsgarten, da er das kriegerische Unheil herannahen sah, welches durch Napoleon hervorgerufen wurde.

Drei Schwestern übernahmen daraufhin das Gut, Jühnsdorf kam hinzu. Zwei von ihnen blieben unverheiratet, die dritte war seit 1773 mit Friedrich Wilhelm Leopold von dem Knesebeck verehelicht.

Nach 1823 gingen Löwenbruch und Jühnsdorf in die Hände von Wilhelm von dem Knesebeck über, den Fontane in seinen „Wanderungen“ ausführlich beschrieben hat. Diese Familie blieb bis 1945 hier Besitzer.

Im Jahre 1717 plante König Friedrich Wilhelm I., alle Lehngüter zu Erbgütern zu erklären, über die der Adel dann frei verfügen konnte. Ein Teil des Adels auf dem Teltow meldete Bedenken an, daß die Güter durch Erbteilungen zu klein und dadurch unrentabel würden. Er konnte sich sogar durchsetzen; dafür mußten jährlich beträchtlich mehr Abgaben an den König gezahlt werden.

In Kriegszeiten wie den Schlesischen Kriegen unter Friedrich II. hatte auch der Teltower Adel im Heere für den Landesherrn zu fechten; so fiel 1741 ein v. Schlabrendorf zu Gröben in der Schlacht zu Mollwitz. Andererseits mußte in die Kriegskasse gezahlt werden; so 1745 infolge des böhmischen Feldzuges, als Friedrich die Geldmittel knapp wurden und der Teltower Landrat v. Otterstedt fast 14.000 Taler (von 400.000 der gesamten Kurmark) auf dem Teltow von der Ritterschaft zusammentreiben mußte, die er am 17. Mai 1745 abgeben konnte. Nicht erwähnt wird, wie die Gutsbesitzer das Geld so schnell zusammengebracht haben und welchen Beitrag die niederen Stände zu leisten hatten. Erstaunlich, daß nach dem Dresdener Frieden im Dezember 1745 das Geld den Teltowern zurückgezahlt wurde!

Die Doppelstadt Berlin/Cölln war für den Adel der Kreise Teltow und Niederbarnim oft nicht nur von Vorteil. Denn wohlhabende Bürger aus der Stadt kauften Besitztümer auf dem Lande, und der Adel konnte bei den gebotenen Preisen nicht mithalten. So wechselten alteingesessene Besitztümer gegen eine annehmbare Geldsumme ihren Besitzer. Der König war damit überhaupt nicht einverstanden, daß Bürgerliche zu Gutsbesitzern wurden, und griff teilweise in die Geschäfte ein. Zum Kauf zugelassen wurden in der Regel nur höhere

Friedrich Wilhelm Ludwig v. d. Knesebeck und seine Frau; sie heirateten 1773. Reetgedeckte Scheune in Groß-Machnow, rechts das Gutshaus von der Parkseite.

Beamte, so die Finanzräte Grothe in Buckow bzw. Honig in Siethen. Sie hatten jedoch kein Wahlrecht.

Die Besitzer der Güter unweit der Hauptstadt wechselten öfter, wie in Britz (Erlach, Schwerin, Illgen, Kniephausen, Herzberg, Eckardstein), in Steglitz (Spiel, Kameke, Graf Reuß, Fronhofer, Carmer, Eckardstein) und Lichterfelde (Kraut, Brandhorst, Beguelin).

Um den Adel auf dem Teltow zu halten, half der König finanziell aus, so bei den Schlabrendorfs in Siethen. Trotzdem konnte er nicht verhindern, daß sich um 1800 von 23 Gütern nur noch 12 in Händen adliger Rittergutsbesitzer befanden. Die Liepes starben in Blankenfelde 1800 aus, genauso die Flans in Groß- und Klein-Ziehten 1804 und die Wilmersdorfer 1802, die jedoch Dahlem und Schmargendorf bereits abgegeben hatten.

Alle Rittergutsbesitzer, ob von Adel oder nicht, übten bis 1872 die Polizeigewalt aus; die Gerichtsbarkeit war ihnen seit 1848 genommen.

Eine Besonderheit der südlichen Mark Brandenburg waren die Herrschaften Zossen und Teupitz. Sie gehörten nicht zum alten Teltower Gebiet wie die Ortschaften nördlich davon auf der Hochfläche, sondern ursprünglich zur Niederlausitz (damals Böhmen). Das Land Zossen war möglicherweise schon zu slawischer Zeit ein politischer Begriff mit der Zossener Burganlage als Mittelpunkt. Noch lange ist östlich von Zossen von Orten auf „wendischer" und westlich von Orten auf „deutscher Seite" die Rede. Vermutlich ist die Herrschaft aus Angst vor den nahenden Deutschen rechtzeitig zum Christentum übergetreten. Die Christianisierung durch das Bistum Meißen war nur oberflächlich.

Auf der Burg Zossen waren die Herren von Torgow ansässig. 1217 wird erstmals ein Friedrich von Torgow als Vasall des Markgrafen Dietrich von Meißen genannt. Ursprünglich gehörten die von Torgows dem niederen Adel an und gewannen im 14. Jahrhundert eine bevorzugte Stellung. Sie gelangten in den Besitz der Herrschaft Zossen, eines Gebietes mit nahezu 30 Ortschaften.

1490 kam die Herrschaft Zossen in brandenburgischen Besitz und wurde von einem Hauptmann verwaltet. Später bildete sie vereinigt mit dem Amt Trebbin, zu welchem vier Dörfer gehörten, den Ämterkreis.

Die Herrschaft Teupitz ist dagegen erst allmählich um die Burg Teupitz zusammengewachsen. Sie erstreckte sich südlich der Notte und grenzte an Mittenwalde und Zossen, im Süden und Osten an Baruth und Storkow und gehörte wie Zossen zum Bistum Meißen.

Am Gutshaus von Dahlewitz (Ansicht von 1810 von der Kirche aus) fließt heute der Verkehr auf der B 96 vorbei.
Gutshaus in Diedersdorf um 1940.

Nach einer Familie von Plotzik im 14. Jahrhundert wurden die Schenken von Landsberg (gemeint ist hier das Landsberg bei Halle) Herren von Teupitz. Zu Ansehen kamen sie durch die Markgrafen von Meißen, in deren Gebiet Landsberg auch gelegen war. Sie gehörten jedoch nie dem höheren Adel an.

1431 unterstellten die Schenken die Herrschaft dem Schutz des Kurfürsten von Brandenburg, 1718 kaufte Friedrich Wilhelm I. den Besitz und bildete ein Amt daraus, das mit der Herrschaft Wusterhausen vereinigt wurde.

Die Schlacht von Großbeeren

Kriegsverlauf – Denkmäler

Ein entscheidendes Datum nicht nur für die Geschichte des Teltow ist Sonntag, der 23. August 1813, als preußische Truppen bei Großbeeren das angreifende Heer der Franzosen besiegten.

Nach den ersten Kämpfen der Befreiungskriege bei Lützen und Bautzen kam es zu einem Waffenstillstand zwischen den Verbündeten (auf Preußens Seite kämpften Russen, Schweden und später Österreicher) und Napoleon, der von Bayern, Württemberg, Italien und vor allem Sachsen unterstützt wurde. Am 10. August 1813 wurde der Waffenstillstand von den verbündeten Monarchen gekündigt, so daß nach seinem Ablaufen am 16. August der Kampf wieder aufgenommen werden konnte.

Die Franzosen planten, Berlin einzunehmen und vor der preußischen Hauptstadt die entscheidende Schlacht schlagen zu können. Mit mehr als 70.000 Mann drangen sie von Süden kommend unter der Leitung des Marschalls Oudinot in drei Stoßrichtungen vor. Die gegnerische Nordarmee unter dem Befehl des Kronprinzen von Schweden, des ehemaligen französischen Marschalls Bernadotte, schützte Berlin vor den Feinden.

Am 19. August rückte Oudinot von Baruth aus nach Luckenwalde vor und bezog hier bis zum 21. ein Lager, um Erkundungen vorzunehmen. Das Korps von Bertrand kam östlich über Sperenberg und Saalow zwischen Trebbin und Zossen hindurch, das mittlere unter Reynier marschierte durch den Kummersdorfer Forst über Lüdersdorf und Gadsdorf nach Christinendorf.

Zossen, Reste der Bastion der Burganlage.

Die preußischen Brigaden Thümen und Borstell hatten feste Stellungen an Nuthe und Notte eingenommen, also dicht am feindlichen Heer. Der schwedische Kronprinz dachte nicht daran, diesen Teil mit der Nordarmee zu verstärken, im Gegenteil, er zog sich näher an Berlin heran und ließ allein die Vortruppen Widerstand leisten. Am 21. August trafen bei Trebbin französische Soldaten auf die Brigade Thümen. Trebbin wurde fünf Stunden lang von fünf Kompanien unter Major v. Clausewitz verteidigt, und anschließend gelang den preußischen Truppen der Rückzug über Löwendorf und Kleinbeuthen über die Nuthe.

Hartnäckigen Widerstand erfuhren auch die beiden anderen französischen Korps. Nunsdorf wurde unter Major v. Wedell gegen die sächsische Division des Generals v. Sahr solange verteidigt, bis das feindliche Geschütz das Dorf in Brand setzte.

Die Vorhut des Korps von Bertrand wurde bei Mellen aufgehalten. Im heutigen Ort Mellensee erinnern noch Namenstafeln an jene vier Kämpfer, die bei dem Gefecht am 21. August 1813 den Tod fanden.

Durch diesen Widerstand erhielt Bernadotte Zeit, seine Truppen zusammenzuziehen. Selbst legte er jedoch keinen besonderen Wert auf Berlin, im Gegensatz zu Bülow, der vor der Hauptstadt die Entscheidung suchen wollte – und nicht dahinter. Die wichtigen Unterredungen fanden am 12. August in Oranienburg statt und am 22. im Haus Friedrichshuld in Philippsthal. Der Meinung Bülows schlossen sich auch Tauentzien und das gesamte preußische Armeekorps an.

Marschall Oudinot beabsichtigte, am 22. weiter vorzudringen, als Hindernis mußte die künstlich überschwemmte Gegend von Nuthe und Notte überwunden werden.

Das östliche Korps Bertrand sollte die Richtung Glienick, Groß Schulzendorf, Jühnsdorf und Blankenfelde einschlagen, das Korps des Zentrums von Teynier sollte bei Wietstock, das erst erobert werden mußte, den Hauptgraben der Nuthe überschreiten und sich Großbeeren zuwenden.

Das westliche Flügelkorps Oudinot käme dann nach, um einen Angriff auf den Thyrower Damm über die Nuthe zu unternehmen, nachdem der Übergang bei Wietstock genommen war. Das Dorf war nur von dem Bataillon Wedell und der Brigade Thümen besetzt.

Hier erschienen nun französische und sächsische Soldaten. Es kam zum Kampf, der zwar der Seite Reyniers Verluste brachte, doch die Preußen wegen der Übermacht des Feindes zwang, Wietstock zu räumen und an den Nuthegraben zurückzuweichen. Von der erhöhten Dorfmitte eröffneten die Franzosen das Feuer; die Preußen verteidigten den Damm und brachen die Brücke über den Nuthegraben ab. Ein Teil der Franzosen gelangte über das Flüßchen und drang in Kerzendorf ein, so daß die Brigade Thümen den Rückzug durch den Wald nach Großbeeren antrat und den Thyrower Damm den Feinden überließ.

Ähnlich erging es Tauentzien, der Bertrand bei Jühnsdorf über die Sumpfniederung nach heftigem Kampf ziehen lassen mußte und sich selbst nach Blankenfelde zurückzog.

Am Abend gelangte Oudinot von Trebbin aus über den Thyrower Damm und lagerte bei Thyrow. Reynier blieb über Nacht bei Kerzendorf, Bertrand bei Jühnsdorf.

Die preußischen Verluste in dem Gefecht bei Wietstock betrugen: 220 Offiziere, 334 Soldaten und 221 Pferde.

Das Schwierigste schien für die Franzosen überwunden: Nur noch das teilweise sumpfige Waldgelände lag vor ihnen, das sich von Saarmund über Ahrensdorf und Genshagen hinzieht, um dann vor Berlin auf freiem Felde der Entscheidungsschlacht entgegenzusehen. Berna-

Großbeeren, Berliner Straße 39, Haus Hempel mit Kanonenkugel im Giebel.

Eines der vier Denkmäler zur Erinnerung an den 22. 8. 1813 zwischen Löwenbruch, Kerzendorf und Wietstock.

Bülow-Pyramide in Großbeeren.

dotte zögerte noch immer vor den Toren der Hauptstadt, doch General Bülow entschied eigenwillig, statt des Rückzugs den Gegner anzugreifen. Die Franzosen erwarteten die Schlacht am 24. August, denn die einzelnen Korps waren beträchtlich voneinander entfernt.

Die Aufstellung der Soldaten des Kronprinzen von Schweden nahm von Gütergotz über Ruhlsdorf und Heinersdorf bis Groß-Ziethen eine Front von mehr als 15 km ein, sie standen im Angesicht des Waldes, den Feind erwartend.

Oudinot hatte Bertrand empfohlen, am Morgen des 23. Tauentzien bei Blankenfelde anzugreifen und zu beschäftigen, um vom Vormarsch links und in der Mitte abzulenken. Tauentzien warf den Feind zurück und machte selbst 11 Offiziere und 200 Soldaten zu Gefangenen.

Der entscheidende Kampf erfolgte zwischen Bülow und Reynier. Bülow war am Vormittag von Heinersdorf abgerückt, um General v. Borstell entgegenzugehen. Mittags setzte ein heftiger Landregen ein. Um 16.00 Uhr bewegte sich die sächsische Division Sahr des Korps Bertrand aus der Genshagener Heide auf Großbeeren zu in Richtung Windmühlenhöhe. Bald danach rückte Bülow vor, die Division Borstell erhielt den Befehl, über Kleinbeeren vorzustoßen.

Die durchnäßten Soldaten kamen nur langsam voran, vor allem die Kanonen ließen sich auf den durchweichten Wegen schwer bewegen. Gegen 18.00 Uhr kamen bei Reynier wiederholt Meldungen vom Herannahen der Preußen an, doch er nahm diese wegen der fortgeschrittenen Zeit und des Wetters nicht ernst.

Doch die Preußen kamen!

Zwei der sechs Bataillone Bülows sollten das Dorf Großbeeren, die anderen vier die Windmühlenhöhe erstürmen. Mit den Schweden zusammen gab es auf preußischer Seite 96 Geschütze im Gegensatz zu 68 auf französischer.

Großbeeren stand bald in Flammen, Bülow rückte vor, die Truppe v. Borstell gelangte von der Seite aus der Richtung Kleinbeeren kommend über den Lilograben. Kanonenkugeln rissen Lücken in die Schlachtreihen, es entbrannte bald ein furchtbarer Kampf Mann gegen Mann. Die durch den Regen bedingten nassen Gewehre kamen dabei kaum zum Schuß, ihre Bajonette wurden jedoch zum Niederstechen des Gegners benutzt!

Die Sachsen verteidigten das Dorf solange, bis sie von der neumärkischen Landwehr zurückgedrängt und zur Flucht gezwungen wurden, wobei sie es noch mit Borstell zu tun bekamen.

An vielen Stellen wurde erbittert weitergekämpft, bis sich die letzten Truppenteile auf französischer Seite bei Einbruch der Dunkelheit

Großbeeren 1821, rechts Denkmal von Schinkel.

südlich in Richtung Wald durchschlugen. Kaum vorstellbar, welches Elend auf dem Schlachtfeld zurückblieb! Noch in der Nacht kamen viele Berliner nach Großbeeren heraus, um sich nach dem Ausgang des Kampfes zu erkundigen. Als die Siegeskunde in der Hauptstadt eintraf, war der Jubel groß.

Am nächsten Morgen trafen von Berlin aus viele helfende Hände ein, um die Soldaten zu versorgen, preußische wie auch feindliche. 4.000 Mann des französischen Heeres fanden den Tod, allein auf die Sachsen kamen 2.124; die Preußen hatten rund 1.100 Tote zu beklagen.

Zahlreiche Erinnerungen an diesen Abschnitt des Befreiungskrieges finden wir noch heute auf dem Teltow, so allein vier Denkmäler im Walde zwischen Kerzendorf, Löwenbruch und Wietstock.

Das eine an der Straße trägt die Aufschrift: „1813 – Gewidmet dem Andenken der am Vorabend der Schlacht von Großbeeren im Kampf gegen die französische Armee des Marschalls Oudinot gefallenen Soldaten und Offiziere."

In Großbeeren erinnert die Bülow-Pyramide an die Kämpfe vom 23. August 1813; sie wurde 1906 von der Stadt Berlin an der Stelle der historischen Mühle aufgestellt und besteht aus Granitfindlingen, die in der Umgebung gesammelt wurden. Es ist eine Arbeit des Architekten Voß und des Schöneberger Steinmetzmeisters C. Witschel. Die Originaltafel der nördlichen Seite mit einem Bildnis des Generals Bülow von Dennewitz, geschaffen von Siemering, ist leider nicht mehr vorhanden und durch eine weniger wertvolle ersetzt. Ihre Inschrift lautete: „Diesseits Berlin sollen unsere Gebeine bleichen, nicht jenseits der Spree.“ Karl Friedrich Schinkel schuf 1817 ein gußeisernes Denkmal von 5,50 m Höhe, das auf dem damals umkämpften Kirchhof seinen Platz fand und in Form einer gotischen Fiale gefertigt wurde. Es weist große Ähnlichkeiten mit Schinkels Denkmälern von Dennewitz (Schlacht am 6. September 1813!) und auf dem Kreuzberg (früher Tempelhofer Berg) auf. Die Spitzen der drei Kunstwerke krönt jeweils ein Eisernes Kreuz, das König Friedrich Wilhelm III. als Kriegsauszeichnung für alle Dienstgrade 1813 während der Befreiungskriege gestiftet hat und das als E. K. 1870, 1914 und 1939 übernommen wurde.

Schinkel hatte nach 1815 den Auftrag, in Berlin einen gotischen Dom zu schaffen, der jedoch aus finanziellen Gründen nicht gebaut werden konnte, so daß als Ersatz nur die drei genannten Denkmäler zur Ausführung kamen, vielleicht an drei Kirchturmspitzen erinnernd.

1913 hat man in Großbeeren zur 100-Jahrfeier einen Gedenkturm als Aussichtsturm (32 m hoch) nach einem Entwurf von G. Lange aus Beton und Kunststein erbaut. In ihm ist eine Gedenkhalle als Museum eingerichtet.

In Berlin ehrte man erfolgreiche preußische Militärs gern durch Straßennamen, so auch die von Großbeeren.

Es gibt die Bülowstraße, die auf den Dennewitzplatz mit der Lutherkirche führt. Friedrich Wilhelm Bülow Graf von Dennewitz hätte auch „von Großbeeren“ heißen können, der Sieg in der Nähe von Jüterbog (genau zwei Wochen später, also auch an einem Sonntag!) schien damals wohl bedeutender.

Sind die Siege der Befreiungskriege national überbewertet worden, um in Preußen ein neues Selbstbewußtsein zu schaffen, das sicher nach der vorangegangenen französischen Demütigung vonnöten war? Bei Fontane finden sich kaum Orte häufiger erwähnt als Schlachtenorte wie Fehrbellin, Großbeeren ..., auch in Liedern, Balladen und Dramen dieser Zeit nicht. Es hängt dies sicher mit der konservativen Traditionspflege des monarchisch-militärischen Preußen zusammen.

Der Gedenktag von Großbeeren wurde und wird wieder feierlich begangen, früher vor allem in Anerkennung der historischen Erinne-

Aus etwa 30 m Höhe hat man einen hervorragenden Ausblick auf den Teltow und nach Berlin.

rung an Preußen, der Begeisterung für König und Vaterland, mit dem Preußenlied „Heil Dir im Siegerkranz", den geliebten Fahnen und mit patriotischen Ansprachen.

Regie führten Mitglieder des Hofes. Kriegervereine und der „Treptower Bauernverein" waren nur organisatorisches Rückgrat. Fontane schreibt in seinen Wanderungen, daß bei Gedenkfeiern wie Dennewitz und Großbeeren sicher weniger Humor als bei rheinischen Volksfesten dahintersteckt, wohl aber mehr bestimmter Inhalt und geistiger Mittelpunkt!

Die „Vossische Zeitung" berichtete am 28. August 1849:

„Verflossenen Sonntag den 26. wurde die Gedächtnißfeier von Großbeeren in großartiger Weise daselbst begangen. Die Direction der Anhaltischen Eisenbahn hatte zu dem Zwecke mehrere Extrazüge veranstaltet, doch selbst der vierte Morgen-Zug, welcher um 10 Uhr abging, zählte noch 28 Wagen! Alle conservativen Vereine Berlins, der Treubund, welcher besonders stark vertreten war, der patriotische und die Veteranen-Vereine hatten sich zur Theilnahme des vaterländischen Festes verbunden ..."

Die Gedächtnisfeiern dienten nach 1848 immer mehr zur Manipulierung der öffentlichen Meinung, von Kriegsverhinderungen war selten etwas zu hören.

Noch 100 Jahre nach den Befreiungskriegen und ein Jahr vor dem Ersten Weltkrieg schreibt man auf das Kriegerdenkmal der Stadt Teltow: „... den Nachkommen zur Nacheiferung".

Immerhin sind allein aus Teltow elf junge Männer in den Befreiungskriegen gefallen, keiner jedoch auf den Schlachtfeldern von Großbeeren.

Zu hoffen bleibt, daß bei den sogenannten „Siegesfesten" in Großbeeren jeweils im August ein weniger national gestimmter und mehr friedensbetonter Geist eingekehrt ist.

Die Entwicklung des Kreises Teltow von 1648 – 1920

Entstehung der Kreisverwaltung – Die Domänen – Aufgaben der Landräte – Stubenrauch

Zur Zeit der askanischen Markgrafen wurden in Brandenburg einzelne Länder (terrae) unterschieden. Im Schriftgebrauch der Urkunden kommt das Land (terra) Teltow vor. Die Rechte des Markgrafen vertraten anfangs die Vögte, die auf den Burgen saßen, in Köpenick, Mittenwalde, Trebbin und Saarmund. Das waren zugleich militärische Stützpunkte. Die Vögte zogen Steuern ein und sprachen Recht. Ihre ausführenden Organe waren die Landreiter. Bei den Burgen bildeten sich Siedlungen als wirtschaftliche Zentren des Landes.

Mit dem Verfall der markgräflichen Macht im 14. Jahrhundert, der Verpfändung und dem Verkauf von Besitz und Rechten des Landesherrn, wurde die mittelalterliche Ordnung aufgelöst. Anstelle der Markgrafen regierten Statthalter oder Landeshauptleute. Ritter und Städte gewannen Macht und Recht. Sie entsandten ihre Vertreter zu den unregelmäßig stattfindenden Versammlungen der Landstände. Diese berieten über die Geldforderungen des Landesherrn, der zur Bestreitung der Hofhaltungs- und Kriegskosten ständig beträchtliche Mittel benötigte. Da er seine Hoheitsrechte, die Regalien, und seinen Besitz mehr und mehr verpfändete, verstopfte er damit auch seine Einnahmequellen und mußte außerordentliche Steuern, die Bede, in Anspruch nehmen. Die Landstände gestatteten ihm das und verlangten im Gegenzug immer neue Rechte.

Unter Kurfürst Joachim II. waren die Schulden des Hofes so stark angewachsen, daß sich die Landstände gezwungen sahen, eine außerordentliche Abgabe zu genehmigen. Der Kurfürst versprach dafür, zukünftig alle wichtigen Angelegenheiten mit den Landständen zu besprechen.

Um die Abgaben gleichmäßig zu erheben, ergab sich die Notwendigkeit einer Gliederung der Mark. Hierzu boten sich die alten Landschaften (terrae) an, in denen die Ritter über Jahrhunderte zusammengehalten hatten und die als Kreise seit dem 15. Jahrhundert bekannt waren.

Innerhalb der Kreise kamen die Ritter auf Geheiß des Kurfürsten schon seit 1548 zusammen, um ihre längere Abwesenheit vom Gut und Reisen über größere Entfernungen, wie sie Versammlungen der Landstände mit sich brachten, zu vermeiden.

In einem Großen Ausschuß berieten die Adligen, deren Vertreter proportional zur Kreisgröße ausgewählt worden waren. In der 2. Hälfte des 16. Jahrhunderts wurden Kreislandtage üblich. Der Kurfürst ließ sich auf ihnen von einem Kommissar vertreten.

Eine Ständeversammlung der Ritter auf Kreisebene fand 1601 in Mittenwalde statt. Hier verhandelte der kurfürstliche Kommissar Kammergerichtsrat Christo von Behren mit den Rittern über eine Polizeiordnung und die Höhe einer Steuer, die der Finanzierung der Türkenkriege dienen sollte.

Im Dreißigjährigen Krieg ging die kurfürstliche Gewalt in den Kreisen auf die Kriegskommissare über, die die für die Truppen aufzubringenden Gelder und Naturalien gleichmäßig erheben sollten. Sie wurden bald Kreiskommissare oder Kreisdirektoren genannt. Im Teltow hatten das unbeliebte Amt Adlige aus den Familien der Thümen, Britzke, Rathenow und Schlabrendorf inne. Nach einem Jahr war jeder froh, die Last an seinen Nachfolger weitergeben zu dürfen.

1652 tagten die Teltower Kreisstände in Groß-Ziethen und berieten sorgenvoll über die Differenz zwischen Steuereinnahmen und Geldforderungen. Je stärker die Landesverwaltung unter dem Großen Kurfürsten geordnet wurde, um so mehr wuchsen die Aufgaben der Kreiskommissare. Sie erstreckten sich auf die Erhebung von Steuern, die Polizeigewalt und die Führung der Kreiskasse. Der Kreisdirektor wurde zu einem Bindeglied zwischen ständischen und kurfürstlichen Interessen. Auf Bitten der Kreiskommissare wurden sie 1701 vom eben gekrönten König Friedrich I. mit dem Titel Landrat ausgestattet und am 14. 12. 1702 in der Geheimen Ratsstube zu Cölln durch Amtseid verpflichtet.

Der Teltow erholte sich nur sehr langsam von den Folgen des Dreißigjährigen Krieges. Es waren nicht allein die materiellen Verluste, die schwer wogen, schlimmer noch war der kulturelle und sittliche Tiefstand der Menschen. Die Bauern waren längst nicht mehr frei, sondern als Lassiten, denen die adligen Gutsbesitzer zum Wiederaufbau ihrer Höfe Unterstützung gewährt hatten, zu ungemessenen Diensten auf den Gutshöfen verpflichtet und vom Zustand der Leibeigenschaft nicht weit entfernt.

In den Räten der Städte herrschte Cliquenwirtschaft. In Teltow wurden die Abrechnungen frisiert. In Mittenwalde war der Richter regelmäßig betrunken. Schließlich mußte die Regierung Stadtschreiber und Richter ernennen, weil der Rat der Stadt keine brauchbaren Männer vorschlagen konnte.

Nachdem der Große Kurfürst ein stehendes Heer geschaffen hatte, wurden die Soldaten in den Bürgerhäusern einquartiert, 17 in Mittenwalde. Natürlich kam es zu Klagen.

Die Kontributionssteuer wurde von der Akzise abgelöst, einem Zoll auf alle ein- und ausgehenden Waren, die das Stadttor passierten. Die Stadtmauern dienten künftig nicht mehr der Verteidigung, sondern der Bekämpfung des Schmuggels. An der Spitze der kurfürstlichen Steuerbeamten stand der Steuerrat.

Die wüsten Grundstücke in den Städten mußten nach 1660 bei Strafe der Enteignung bebaut werden. 1662 brannte die Stadt Zossen ab und wurde nach Plänen des vom Kurfürsten beauftragten Baumeisters Memhardt wiederaufgebaut, wobei die Stroh- durch Ziegeldächer ersetzt wurden.

Der Besitz des Landesherrn, der sich im 14. Jahrhundert fast in Nichts aufgelöst hatte, wie das Landbuch von 1375 ausweist, mehrte sich unter den Hohenzollern wieder, besonders nach der Reformation, als Kirchenbesitz an den Landesherrn fiel.

Der kurfürstliche Besitz wurde von Ämtern verwaltet. Die für den Teltow zuständigen befanden sich in Cölln (Mühlenhof), Potsdam, Spandau, Köpenick, Trebbin und Zossen. Von Spandau aus wurden die ehemals den Benediktinerinnen gehörenden Dörfer verwaltet, davon einige im nordwestlichen Teltow.

Nach dem Dreißigjährigen Krieg verkauften viele in Not geratene Adlige ihren Besitz an den Kurfürsten. Im Teltow entstand die von einer besonderen Kammer verwaltete Herrschaft Wusterhausen-Teupitz neu. Die vormaligen Besitzer dieser Ländereien, die Schenken von Landsberg, wirtschafteten schlecht. Seit dem Anfang des 17. Jahrhunderts wuchsen ihre Schulden. Seit 1688 kaufte der Kurfürst und spätere König Friedrich die Wusterhausenschen Dörfer. 1698 konnte er seinem Sohn den gesamten Besitz Wusterhausen zu Weihnachten schenken. Der Kronprinz und spätere König Friedrich Wilhelm hielt sich im Schloß Wusterhausen am liebsten auf und regierte mit seinem Tabakskollegium von hier aus spartanisch das Land. Der Ort erhielt 1717 den Namen Königs Wusterhausen.

Zwischen 1810 und 1840 wurden von König Friedrich Wilhelm III. viele Besitzungen zur Bezahlung von Kriegsschulden verkauft. Die Ämter Trebbin und Köpenick konnten infolgedessen völlig aufgelöst werden, die anderen behielten nur geringe Bedeutung. König Friedrich Wilhelm IV. kaufte nach 1840 wieder Besitz an. Die Domänen des Teltow wurden von den Ämtern Mühlenhof, Zossen, Potsdam und Spandau verwaltet. Die inzwischen arg geschrumpfte Herrschaft Wusterhausen wurde seit 1843 von einer Hofkammer in Charlottenburg verwaltet, die selbständig entschied. Den Ämtern standen Amtshauptleute vor, die direkt dem König unterstellt waren. Sie zogen Steuern ein und übten die Polizeigewalt aus. 1551 wurden die Ämter Trebbin und Zossen aus Sparsamkeitsgründen vereinigt. Sie bildeten bis zum Ende des Dreißigjährigen Krieges den Ämterkreis.

Nach dem großen Kriege waltete Otto von Hake auf Klein-Machnow als Kreisdirektor (1654–82). Den Titel Landrat erhielt sein Nachfolger, Cuno Hans von Wilmersdorf, der bis 1712, als er 74 Jahre alt war, amtierte und sich großer Volkstümlichkeit erfreute. Er und seine Frau wurden durch Grabsteine in der Dahlemer Kirche geehrt. Ihm folgte im Amt 1717 Hans Georg von Otterstedt in einer Zeit wachsender königlicher Macht und absolutistischer Eingriffe in die Verwaltung des Landes. So wie der König der erste Diener seines Staates sein wollte, mußte sich auch der Landrat in die Pflicht nehmen lassen.

1723 wurden das Kriegskommissariat und die kurmärkische Amtskammer zur Kriegs- und Domänenkammer vereinigt, die bis ins 19. Jahrhundert hinein für fast alle Verwaltungsbereiche zuständig war. Der Landrat hatte sich seit 1714 um die Einhaltung der Maße und Gewichte zu kümmern, seit 1717 um den Schutz der Juden. Friedrich Wilhelm I. veranlaßte die Landräte, sich nach seinem Beispiel in jede Kleinigkeit einzumischen. Sie sollten achthaben, daß die Äcker ordentlich bestellt wurden und sich keine Viehseuchen ausbreiteten.

1733 wurde Preußen in Kantone eingeteilt, von denen jeder etwa 5.000 Feuerstellen umfaßte. Die jüngeren Bauernsöhne, die Knechte und Dienstboten in den Städten kamen mit 14 Jahren auf die Musterungslisten und wurden nach Bedarf zur zweijährigen militärischen Ausbildung eingezogen. Bis ins 40. Lebensjahr mußten sie jährlich zweimonatige militärische Übungen absolvieren und waren davon ausgeschlossen, Bauernwirtschaften zu erwerben oder Handwerksmeister zu werden. 1765 gab es im Kreise Teltow 104 Soldaten, darunter als ältesten einen 60jährigen.

König Friedrich II. stand seinem Vater an Genauigkeit nicht nach. Sein besonderes Augenmerk galt der Seidenraupenzucht, aber auch dem Anbau von Futterpflanzen. Selbst die Bekämpfung von Flurschädlingen wie Krähen und Sperlingen verwies er in den Zuständigkeitsbereich des Landrats. 1776 wurden alle Edikte, die dieser beachten sollte, in einer allgemeinen Instruktion zusammengefaßt.

Seit der Regierungszeit Friedrich Wilhelm I. gab es Schulen in den Dörfern, die meistens von Schneidern betreut wurden. Das Generallandschulreglement von 1763 regelte die Einrichtung von Schulen genauer und brachte allmählich auch fähigere Lehrer auf die Dörfer, die allerdings immer gleichzeitig Küsterdienste leisten mußten. Ihr direkter Vorgesetzter war der Pfarrer. In den Städten befanden sich von altersher Schulen.

Landrat von Otterstedt wurde 1748 wegen Krankheit in Gnaden entlassen. Die Kreisversammlung der adligen Gutsbesitzer wählte als Nachfolger einen Enkel des vorangegangenen Landrats, Hans Otto von Wilmersdorf, der vom König bestätigt wurde.

Zu den Kreistagen erschienen die adligen Rittergutsbesitzer. Nur sie hatten Sitz und Stimme. Die Domänen entsandten bürgerliche Vertreter. Berlin schickte einen Bürgermeister. Man tagte anfangs an wechselnden Orten, mehr und mehr aber im Rexrodtschen Hause in der Leipziger Straße, nicht zuletzt wohl deshalb, weil die Räume im Winter angenehm geheizt waren und der Speisenzettel gefiel.

Der Siebenjährige Krieg brachte Teilen des Teltow Schrecken, die denen des Dreißigjährigen Kriegs nicht nachstanden. 1760 zogen Russen und Österreicher vereint quer durch den Teltow und hinterließen eine Spur der Verwüstung. Köpenick, Teltow und Mittenwalde wurden ausgeplündert, Großbeeren und Schöneberg gingen in Flammen auf. Barbarisch verwüsteten die Österreicher das Schloß Charlottenburg. Am Ende des Krieges waren die Menschenverluste in Preußen auf eine halbe Million angewachsen, bei einer Gesamtbevölkerung von 4 1/2 Millionen.

In den Städten wurden gegen Ende des 17. Jahrhunderts die ersten Steinhäuser errichtet. Strohgedeckte Fachwerkbauten herrschten noch lange vor. Zum Schutz vor Feuersbrünsten erließ man Ordnungen, in denen Spritzen, Feuerleitern, Haken und Eimer vorgeschrieben waren. Die Befestigungsanlagen der Städte wurden allmählich eingeebnet, was sich im Siebenjährigen Kriege bitter rächte. Die städtische Verwaltung beschränkte sich auf die Kontrolle der Polizei und die niedere Gerichtsbarkeit. Es gab nur wenige und schlecht besoldete Beamte. Im übrigen regierte der Steuerrat. In allen Städten wurden Grundbücher angelegt.

Die Anzahl der einquartierten Soldaten stieg. In Zossen waren es 1779 einschließlich der Frauen und Kinder 1.215. Viele Bürger versuchten sich von der Einquartierung freizukaufen. Die Akzisebestimmungen wurden streng eingehalten. Nachts durften keine Waren in die Stadt gebracht werden. Von allen Gewerben florierten die Brauereien am meisten. In den Dörfern war das Brauen verboten. Seit der Ansiedlungserlaubnis des Großen Kurfürsten gab es einige Juden in den Städten, 15 in Mittenwalde. Sie hatten keine politischen Rechte.

Handwerk und Gewerbe entwickelten sich im Kreise Teltow nur langsam. Die meisten Städter waren Ackerbürger.

Der nächste Landrat, von der Liepe, war der erste, der als Zeugnis seiner Befähigung ein mündliches Examen ablegen mußte. 1779 legte der König das Mindestalter der Landräte auf 41 Jahre fest. Bis 1790 mußten die Landräte ohne Büro auskommen. Sie konnten sich für schriftliche Arbeiten einen Gutssekretär oder Lehrer heranziehen. In der Finanzverwaltung unterstützte sie ein Rentmeister.

1795 bildete sich ein Ausschuß zur Sammlung der Verordnungen, in denen sich das Gewohnheitsrecht des Kreise manifestierte. Damit sollte das seit 1734 gültige Allgemeine Landrecht ergänzt werden. Die Stein-Hardenbergschen Reformen trennten 1808 Justiz und Verwaltung, die bis dahin in der Person des Landrats vereinigt gewesen waren.

1815 wurde der Teltow dem Regierungsbezirk Potsdam zugeordnet und vorübergehend, bis 1835, durch den Kreis Storkow vergrößert. Der erste bürgerliche Landrat war der 1822 gewählte Referendar Albrecht, Sohn eines Kabinettsrates. Er mußte sich verpflichten, ein Rittergut zu erwerben, was ihm nach acht Jahren in Gütergotz gelang.

1823 wurden die Kreistage neu zusammengesetzt. Alle drei Stände sollten nun in ihnen vertreten sein. Die Bauern durften zu ihrer Vertretung nur Dorfschulzen wählen. Die Städte ließen sich von Bürgermeistern oder Ratsmitgliedern vertreten. Insgesamt standen im Kreistag drei Bürger und drei Schulzen 17 Adligen gegenüber.

Eine Generalkommission beschäftigte sich auf Grund der preußischen Reformgesetze von 1820 bis 1840 mit der Separation, der Zusammenlegung der verstreuten Ackerstücke auf dem Lande, der Ablösung der Frondienste durch Geldzahlungen und der Aufteilung der Allmende, des gemeinsamen Besitzes im Dorf, wie er nach uralter Gewohnheit bisher üblich gewesen war. Die Dreifelderwirtschaft sollte endlich effektiveren Formen der Landbestellung weichen. Verständlicherweise zogen sich die Neuordnungsverhandlungen lange hin, wollte doch niemand dabei zu kurz kommen und nicht etwa guten gegen schlechten Boden tauschen. In Gütergotz dauerte die Separation 30 Jahre. Viele Bauern, besonders die kleineren, die von der Regulierung ausgeschlossen waren und weiter auf den Gütern dienen sollten, verkauften ihren Besitz, um endlich frei zu sein. In Heinersdorf blieb kein Bauer übrig. Nicht viel besser stand es in Bohnsdorf, Dahlewitz und Lüdersdorf. Die Aufteilung der Allmende, der Wiesen und

Wälder, führte bei Kleinbesitzern, die schnell zu Geld kommen wollten, zu großen Holzaktionen.

1856 trat die Landgemeindeverfassung in Kraft, die den Dörfern gestattete, eine Gemeindevertretung zu bilden. Gewählt wurde auf sechs Jahre nach Dreiklassenwahlrecht (Einteilung der Wähler entsprechend ihrer Steuerkraft, wobei wenige Reiche ebensoviele Stimmen hatten wie viele Arme). Die Vertretung bestand meistens aus sechs Mitgliedern. Buckow und Neuendorf bei Potsdam machten sofort von ihrem neuen Recht Gebrauch. In den von Berlin weiter entfernt liegenden Orten änderte sich vorerst nichts, und der Gutsbesitzer herrschte weiter.

Auch in den Städten gab es nach 1800 keine großen Veränderungen. Nur wenige neue Ziegelbauten wurden errichtet, wie das Rathaus in Zossen. Die Selbstverwaltung gereichte den Bürgern nicht zur Ehre. Die schlecht besoldeten Beamten neigten zu Faulheit und Bestechlichkeit oder übten Nebenämter aus.

Nach dem Fortfall der Akzise wurden die Stadtmauern und Tore überflüssig und meistens rasch abgerissen.

Bis 1819 verwalteten die Landräte ihr Amt von ihrem Gute aus. Erst dann wurde ein Büro in Teltow eingerichtet.

Die erste Sitzung des Kreistages fand am 23. Dezember 1863 im „Hotel de Petersbourg" in Berlin, Unter den Linden 31, statt. Dort blieb man bis 1891. Das vornehme Haus hieß ursprünglich „Der Hirsch" und war ein Gasthaus, wie Nicolai berichtet. Daraus entwikkelte sich das „Hotel de France". Das „Hotel de Petersbourg" deutschte sich gegen Ende des Jahrhunderts ein und nannte sich „Hotel Stadt Petersburg", bis es nach 1890 ein Geschäftshaus wurde. Die Teltower tagten nicht nur in diesem Hotel, sie ließen sich auch das Essen gut schmecken; denn das Haus war als Dorado der Feinschmecker bekannt. Neben Moltke verkehrten dort viele höhere Offiziere und Rittergutsbesitzer.

Das Landratsamt folgte dem Kreistag 1870 und fand seinen Sitz in der Körnerstraße 24 in Berlin.

Seit 1865 wurden im Teltow Grund- und Gebäudesteuer erhoben, was dem Landrat neue Arbeit brachte. Er hatte viel Zeit zu opfern, um Beschwerden nachzugehen. Im ersten Jahr nahm der Kreis 107.000 Mark ein, 1883/84 schon 1,2 Millionen. Seit 1860 entsandte der Kreis zwei Abgeordnete in den Preußischen Landtag. 1867 schickte der Teltow den Kriegsminister von Roon als seinen gewählten Vertreter in den Reichstag des Norddeutschen Bundes.

1870 wurde Prinz Handjery, der im Landwirtschaftsministerium beschäftigt gewesen war und schon früher den Landrat vertreten hatte, zum Landrat vorgeschlagen und vom König ernannt. Er war der erste, der mit der 1872 eingeführten neuen Kreisordnung zurechtkommen mußte, die die alten Rechte der Gutsherren aufhob und sie als Herrscher und Richter über ihre Dörfer entthronte. Der neu gebildete Kreisausschuß wurde ein wichtiges Organ der Selbstverwaltung. Er setzte sich aus Vertretern des Kreistages und der Kreisverwaltung zusammen, wurde vom Landrat geleitet und bestand aus sechs Mitgliedern. Er hatte u. a. die Kreisabgaben festzusetzen.

Nach langen Auseinandersetzungen zwischen Teltow und Berlin wurde die Weichbildgrenze der Stadt Berlin 1841 festgesetzt. Teile des Tiergartens und das Gelände des Potsdamer und Anhalter Bahnhofs kamen damit unter die Berliner Polizeiverwaltung. 1861 wurden vom König auf Vorschlag der Provinzialregierung, aber gegen den Protest der Betroffenen, durch Kabinettsorder Teile Schönebergs, Tempelhofs, Rixdorfs und Charlottenburgs vom Teltow abgetrennt. 1881 wurde der Tiergarten mit Berlin vereinigt. 1877 bildete Charlottenburg einen eigenen Stadtkreis. 1899 folgten Rixdorf und Schöneberg, 1907 Wilmersdorf. Um die Eingemeindung dieser Städte in Berlin gab es Streit, der jahrzehntelang andauerte und erst 1920 durch die Bildung Groß-Berlins entschieden wurde.

1885 übernahm Ernst Stubenrauch, Sohn eines schlesischen Rechtsanwalts, mit 32 Jahren das Landratsamt.

Die Bevölkerung des Kreises Teltow, zu dem noch immer große Gemeinden am Rande Berlins gehörten, wuchs in jenen Jahren stark an, so daß der Landrat dadurch erheblich mehr Arbeit hatte. Dafür standen ihm anfangs fünf Beamte zur Verfügung, nach sieben Jahren 23.

Neben den üblichen Vorgängen ergaben sich notwendige Planungen für neue Verkehrsbauten und Be- und Entwässerungsanlagen. Der Schwarze Graben, ein Rinnsal, das Schöneberg und Wilmersdorf mit üblem Geruch verpestete, wurde unter die Erde gelegt, das Dahmefließ kanalisiert.

Die schlechte Gewohnheit vieler Berliner, ihren Müll auf freiem Felde im Teltow abzuladen, wurde energisch bekämpft und der Müll in Kähnen zu Plätzen außerhalb des Kreises befördert. 1891 bezogen der Kreistag und die Kreisverwaltung das neue Kreishaus in der Viktoriastraße 18, dessen Bau 1,8 Millionen Mark gekostet hatte. Es war im Stil der italienischen Renaissance gehalten und von verschiedenen Künstlern ausgeschmückt worden. Bei der Einweihung sprach der Kaiser.

Grab des Teltower Landrates Ernst v. Stubenrauch in Genshagen.

Die Versorgung der Kranken wurde verbessert. Es entstand ein Kreiskrankenhaus in Britz neben Anstalten in Königs Wusterhausen, Mittenwalde, Groß-Lichterfelde, Zossen und Nowawes. Das Trebbiner Krankenhaus übernahm der Kreis. Als bedeutendste Verkehrsanlage wurde 1900–1906 der Teltowkanal gebaut.

Stubenrauch war die geeignete Persönlichkeit, um die vielfältigen Aufgaben zu meistern und durch seine Arbeitskraft und geschickte Menschenführung den Bürgern in angenehmer Erinnerung zu bleiben. Nicht zuletzt hatte er guten Kontakt zum Kaiser. Als er 1908 aus dem Amt schied, umfaßte die Kreisverwaltung fast 200 Beamte. Stubenrauch war noch ein Jahr als Berliner Polizeipräsident tätig, ehe er starb.

Sein Nachfolger, Landrat von Achenbach, amtierte von 1908–1920. Er mußte sich mit den Selbständigkeitsbestrebungen der großen Gemeinden am Rande Berlins auseinandersetzen, die die Finanzkraft des Kreises gefährlich zu schwächen drohten. In jenen Jahren entstanden die Krankenhäuser in Köpenick und Teupitz. Die bereits bestehenden wurden ausgebaut.

Von der Postkutsche zum Düsenflugzeug

Poststraßen – Eisenbahnlinien – Kanäle – Autobahnen – Flugplatz Schönefeld

Um 1700 gab es erst zwei Poststraßen in südlicher Richtung durch den Teltow. Die eine führte über Schöneberg, Steglitz, Zehlendorf, Schönow, Kein-Machnow, Gütergotz bis an die Kreisgrenze nach Saarmund und von dort über Treuenbrietzen und Wittenberg weiter nach Leipzig. Die andere führte über Wusterhausen nach Cottbus. Erst unter Friedrich dem Großen wurde die Postlinie nach Leipzig über Potsdam gelegt, nachdem diese Stadt an Bedeutung gewonnen hatte.

Um 1800 durchzogen sechs Poststraßen den Teltow und verbanden ihn mit den wichtigsten Nachbarstädten. Die erste verließ Berlin am Brandenburger Tor und führte südlich der Spree durch den Tiergarten nach Charlottenburg und weiter über Spandau, Brandenburg und Burg nach Magdeburg. Die Straße nach Frankfurt/Oder verlief ebenfalls südlich der Spree nach Köpenick und verließ dort den Teltow.

Die Straße nach Leipzig verband Berlin mit Schöneberg, Steglitz, Potsdam, Beelitz, Treuenbrietzen, Wittenberg und Halle. Über Großbeeren, Trebbin ging es nach Luckenwalde und Jüterbog. Die Straße nach Dresden berührte Mittenwalde und Baruth, und die Straße nach Cottbus führte über Königs Wusterhausen, Storkow, Beeskow und Lieberose.

Auf allen sechs Straßen gab es um 1800 Fahrpostverkehr nach festgelegten Tarifen. Die ersten regelmäßigen Verbindungen für den Personenverkehr hatte der große Kurfürst 1647 einrichten lassen. Sein Sohn, Friedrich III., führte 1697 die Schnellpost ein. In den folgenden Jahren wurden immer neue Strecken befahren. 1786, im Todesjahr Friedrichs des Großen, waren es von Berlin aus 21 in alle Himmelsrichtungen, von denen die meisten zweimal wöchentlich verkehrten. Sie fuhren mit Aufsehen erregender Geschwindigkeit und legten die 26 km lange Strecke von Berlin nach Potsdam in vier Stunden zurück. Der sparsame Herrscher sah darauf, durch die Tarife nicht nur die Kosten zu decken, sondern dem Staat eine erkleckliche Summe Geldes einzubringen.

Als der Chausseebau nach französischem Vorbild sich auch in Preußen durchsetzte und die sich gemächlich durch die Landschaft schlängelnden grundlosen Sandwege in möglichst gerade verlaufende Landstraßen mit fester Lehmdecke verwandelte, verkürzten sich dadurch die Fahrzeiten erheblich. Die Schnellpost von Berlin nach Hamburg brauchte 1840 nur noch 31 Stunden.

Von Mittenwalde erreichte man auf einer Abzweigung über Telz Zossen und auf leichten Wagen, mit der sogenannten Karriolpost, über Töpchin und Egsdorf die Orte Teupitz, Halbe und Wendisch-Buchholz. 1820 wurde die Postverbindung über Königs Wusterhausen aufgegeben und auf die Dresdener Strecke verlegt. Im gleichen Jahr begann man, die nach 1800 aufgestellten hölzernen Meilenanzeiger durch steinerne zu ersetzen. Auf der Dresdener Poststraße über Mittenwalde ging es über Baruth und Luckau, einmal wöchentlich auch über Dahme und Herzberg, sowie nach Wendisch-Buchholz — Lübben und Baruth — Luckau — Görlitz. Die Strecke nach Cottbus führte jetzt über Fürstenwalde.

Nach 1815 wurde die Luckenwalder Postverbindung bis Jüterbog verlängert. Seit 1829 gab es eine Postlinie über Trebbin, Luckenwalde, Jüterbog, Hartmannsdorf, Herzberg und Drehna nach Dresden. Eine Schnellpost nach Dresden berührte die Städte Potsdam, Treuenbrietzen, Jüterbog, Herzberg und Liebenwerda.

Mit der Fertigstellung der Chaussee Berlin — Zossen — Baruth —

Luckau im Jahre 1838 wurde der gesamte Postverkehr über diese Stecke statt über Mittenwalde geleitet. Dadurch gewann man bis Baruth zwei Stunden und brauchte von Berlin aus nur noch neun Stunden. Die Fahrzeit nach Dresden verringerte sich auf 36 Stunden.

Mittenwalde blieb noch durch Karriolposten mit Lichtenrade, Zossen und Königs Wusterhausen verbunden.

Mit dem Aufkommen der Eisenbahn wurden die Postkutschen überflüssig. Sternförmig verbinden die Strecken Berlin mit allen Teilen Deutschlands. Da der Kreis Teltow den ganzen südlichen Teil des späteren Groß-Berlin einnahm, wurde er von mehreren Eisenbahnlinien durchzogen.

Die erste Eisenbahn im Berliner Raum, die Strecke nach Potsdam, geht auf die Anregung des Dr. Stubbe zurück, die er 1833 dem Preußischen Ministerium des Innern gab, nämlich einen Fahrweg von Naumburg über Wittenberg, Potsdam und Berlin nach Breslau einzurichten und mit Dampfwagen zu befahren. Dr. Stubbe wollte zur Finanzierung eine Aktiengesellschaft gründen. Staatliche Ländereien, die er benötigte, sollten ihm unentgeltlich überlassen, Städte nicht durchquert werden.

Das Ministerium gab dem Antragsteller auf zu beweisen, daß seine Bahn billiger und bequemer als die bisherigen Transportmittel sein würde. Darauf beschränkte Dr. Stubbe sein Vorhaben auf die Strecke von Berlin nach Potsdam.

1834 stellte der Justizkommissar Robert einen ähnlichen Antrag, nachdem sich die Planungen für mehrere andere Linien wegen der geforderten kostspieligen Unterlagen zerschlagen hatten.

Nach endlosen Erwägungen der verschiedenen Behörden wurden Roberts Pläne durch Kabinettsorder vom 23. 9. 1837 genehmigt. Die Erdarbeiten für den Bau der Strecke von Berlin nach Potsdam hatten bereits zuvor begonnen.

Am 22. September 1838 wurde der Betrieb auf der Strecke Zehlendorf — Potsdam, am 29. Oktober auf der ganzen Strecke, eröffnet. Die jedem Neuen zugeneigten Berliner benutzten das Verkehrsmittel in solchen Massen, daß der Wagenpark sofort vergrößert werden mußte.

Die Aktionäre der Eisenbahngesellschaft versuchten von Beginn an, ihre Linie mit anderen zu verbinden, da sie sonst isoliert und wenig ertragreich gewesen wären. 1842 bildete sich daher die Potsdam-Magdeburger Eisenbahngesellschaft, der die Berlin-Potsdamer Strecke mit allen Anlagen zugeschlagen wurde. 1848 war die gesamte Strecke Berlin-Magdeburg bereits zweigleisig befahrbar. 1862 wurde in Neuendorf in der Nähe des Schlosses Babelsberg ein Bahnhof für den König eröffnet, aus dem sich später die Station Neubabelsberg entwickelte. Der starke Verkehr auf der Strecke ergab frühzeitig die Notwendigkeit, einen größeren Bahnhof in Berlin zu bauen. Nach vielerlei Hindernissen wurde der Potsdamer Bahnhof 1872 eröffnet, der bis zur Zerstörung im Zweiten Weltkrieg bestand.

Die ersten Anregungen zum Bau der Wannseebahn kamen 1869, u. a. vom Prinzen Karl. Es sollte eine Verbindung von Zehlendorf zu den neuen Villenkolonien am Schlachten- und Wannsee geschaffen werden. Die Strecke von Zehlendorf bis Kohlhasenbrück wurde 1874 eröffnet. Erst 1891 konnte die Verbindung Berlin-Zehlendorf mit einem dritten und vierten Gleis und den Stationen Großgörschenstraße, Friedenau, Steglitz und Lichterfelde in Betrieb genommen werden. Die Wannseebahn erhielt einen Kopfbahnhof westlich neben dem alten Potsdamer Bahnhof.

Auch die Anhalter Bahn wurde von einer privaten Gesellschaft gebaut. Ein vorbereitendes Komitee bildete sich 1836. Der ursprüngliche Plan, die Potsdamer Strecke mitzubenutzen, blieb undurchführbar. Die Berlin-Sächsische Eisenbahngesellschaft, die sich später in Berlin-Anhaltische Eisenbahngesellschaft umbenannte, erhielt erst 1839 nach langen Erwägungen der staatlichen Behörden über die Linienführung die Genehmigung, die Strecke von Berlin nach Köthen mit den Zwischenstationen Trebbin, Luckenwalde, Wittenberg und Dessau und Haltepunkten in Großbeeren, Zahna, Coswig und Roßlau zu bauen. Die gesamte Linie wurde zwei Jahre später in Betrieb genommen. Die Gesellschaft erweiterte ihr Streckennetz schon bald und schuf wichtige internationale Verbindungen, die bereits 1859 bis Wien reichten. Der Anhalter Bahnhof entwickelte sich zum Fernbahnhof für alle Ziele im südlichen und südwestlichen Mitteleuropa.

1882 wurde die Anhalter Bahn vom Staat übernommen. Die Anlage eines neuen Bahnhofs, der den rasch gewachsenen Ansprüchen gerecht wurde, gestaltete sich wegen der dichten Bebauung in diesem Gebiet außerordentlich schwierig und konnte erst 1880 vollendet werden. Erschwerend kam hinzu, daß kostspielige Provisorien errichtet werden mußten, um den Verkehr während der Bauzeit aufrecht zu erhalten. Die architektonische Gestaltung der Empfangshalle des Anhalter Bahnhofs oblag dem Architekten Schwechten. Der gesamte Umbau kostete 14 Millionen Mark, eine damals bedeutende Summe.

Auch die Eisenbahnstrecke nach Görlitz hatte in der Planungsphase mit den üblichen Schwierigkeiten wegen widerstreitender Interessen zu kämpfen. 1858 fand sich im preußischen Staatsministerium eine Mehrheit für den Bau der Bahn, die einem Vorhaben von Lausitzer Unternehmern entgegenkam, eine Verbindung von Berlin über Görlitz nach Glatz mit Anschluß an die Strecke Prag — Wien zu schaffen.

Die Finanzierung scheiterte an den überzogenen Forderungen des preußischen Militärs, das die Strecke bei Görlitz mit umfangreichen Verteidigungsbauwerken schützen wollte.

1863 fanden sich englische Geldgeber, und die Berlin — Görlitzer Eisenbahngesellschaft wurde gegründet. Ihre Bevollmächtigten, Dr. Strousberg und der Görlitzer Bürgermeister Richtsteig, legten der Regierung einen Bauplan vor. 1865 wurde mit den Arbeiten begonnen. Der preußisch-österreichische Krieg beschleunigte das Vorhaben. Das Militär stellte Mittel zum raschen Bau der Strecke bis Cottbus zur Verfügung, damit Truppen und Kriegsmaterial in Richtung Böhmen transportiert werden konnten. Tatsächlich entwickelten sich die Kriegsereignisse 1866 so rasch, daß die Bahn kaum in Anspruch genommen wurde. Die gesamte Strecke bis Görlitz konnte am 31. 12. 1867 eröffnet werden.

Bis 1874 wurde die Strecke nach Grünau zweigleisig ausgebaut. Gleichzeitig entstanden die Bahnhöfe Neuer Krug (seit 1880 Johannisthal-Niederschöneweide), Adlershof, Schmöckwitz und Hankels Ablage (später Zeuthen), zunächst als Haltepunkte. 1882 übernahm der Staat auch diese Eisenbahnlinie.

1871 erhielt ein Komitee die Erlaubnis, den Bau einer direkten Bahnlinie von Berlin nach Dresden vorzubereiten. Die Strecke sollte über Zossen, Baruth, Großenhain und Moritzburg führen und der Anhalter Bahn, die bisher Dresden mit Berlin verband, zum Konkurrenten werden. Da die Strecke etwas kürzer als die bisherige war und das Militär eine weitere Verbindung zur böhmischen Grenze befürwortete, wurden die Pläne rasch verwirklicht, und die Bahn konnte schon 1875 den Betrieb aufnehmen. Der Kopfbahnhof wurde auf dem Militärgelände zwischen Anhalter und Potsdamer Güterbahnhof angelegt. In der Umgebung Berlins richtete man den Haltepunkt Südende und die Stationen Marienfelde, Mahlow, Rangsdorf und Zossen ein. 1876 kam es zu einer Gleisverbindung mit der inzwischen entstandenen Berliner Ringbahn. 1877 war die Dresdener Bahn so stark verschuldet, daß sie vom preußischen Staat übernommen werden mußte. 1880 wurden die Züge in den Potsdamer Bahnhof umgeleitet, um den Bau eines kostspieligen Empfangsgebäudes für die Dresdener Bahn zu sparen. Nach der Verstaatlichung der Anhalter Bahn wurde der Anhalter Bahnhof 1882 auch für die Züge nach Dresden Endbahnhof. 1887 übernahm das Deutsche Reich auch die Dresdener Bahn, mit Ausnahme der Strecke von Elsterwerda nach Dresden, die die königlich sächsische Regierung betrieb. Dem deutschen Staat gehörten seit diesem Jahr sämtliche von Berlin ausgehenden Eisenbahnlinien.

Nach dem Kriege 1870/71 erregte der Gedanke einer durchgehenden Strecke von der russischen zur französischen Grenze die Gemüter. Sie sollte mit der Wetzlarer Bahn verwirklicht werden, die in Verlängerung der 1874 mit staatlicher Hilfe gebauten Berliner Stadtbahn nach Westen durch den Grunewald geplant war, wobei sie gleichzeitig eine Verbindung zu der dort 1889 geschaffenen Kolonie schlug. Glücklicherweise wurde die Bahnlinie bei Wannsee nicht, wie ursprünglich vorgesehen, direkt am Wasser entlanggeführt, um die dort von der Potsdam-Magdeburger Eisenbahngesellschaft gestalteten gärtnerischen Anlagen zu erhalten. 1879 ging der Bahnhof Hundekehle (später Grunewald) in Betrieb. Der Verkehr auf der gesamten Strecke von Berlin bis Blankenheim wurde nach nur einjähriger Bauzeit eröffnet. Der Ausflugsverkehr zum Grunewald nahm einen solchen Umfang an, daß 1896 zwei Stadtbahngleise bis zum Bahnhof Grunewald verlegt wurden. 1882 eröffnete man den Fernverkehr auf der Stadtbahn mit dem Endpunkt Schlesischer Bahnhof. Vor dessen Fertigstellung wurden die Züge nach Blankenheim zwei Jahre lang auf dem Potsdamer Bahnhof abgefertigt und über die Wannseebahn geleitet.

Der erste Plan einer Verbindungsbahn zwischen den Bahnhöfen der verschiedenen von Berlin ausgehenden Eisenbahnstrecken stammte von der Firma Stuhlmann, die 1844 die Konzession für eine solche Strecke beantragte. Sie sollte auf Viadukten gebaut werden, diese gleichzeitig als Träger für eine Wasserleitung rings um Berlin dienen. J. W. Schmitz aus Köln verfolgte mit Hartnäckigkeit dieses Projekt, das die Regierung jedoch ablehnte.

1845 wurde der Plan einer von Pferden gezogenen Umwallungsbahn geboren. Sie sollte ebenerdig angelegt werden und die Straßen auf mit Schranken geschützten Übergängen kreuzen. Der König befürwortete das Projekt, das seiner Meinung nach von den Eisenbahngesellschaften finanziert werden sollte. Diese zeigten jedoch keine Neigung.

Nach jahrelangen Erwägungen der Steuerbehörde, die beim Durchbruch der Stadtmauer um ihre Einnahmen aus den an den Toren erhobenen Abgaben fürchtete, und des Militärs, das die Verteidigung Berlins bedroht sah, gaben schließlich militärische Erwägungen den Ausschlag für den Bau der Verbindungsbahn, da sich bei der durch die österreichische Kriegsdrohung notwendig gewordenen Mobilmachung im Herbst 1850 herausgestellt hatte, wie langsam Truppen von einer Bahnlinie zur anderen verlegt werden konnten. Daher wurden die Potsdam — Magdeburger und die Berlin — Anhalter Eisenbahn Ende des Jahres 1850 ohne große Kosten verbunden, wobei zwei Drehscheiben die wichtigste Rolle spielten. 1851 wurde in ähnlicher Weise eine Verbindung zwischen Stettiner und Anhalter Bahnhof geschaffen. Personen wurden auf dieser Verbindungsbahn nicht befördert. Um die Niederschlesisch-Märkische Eisenbahn nicht zu benachteiligen, verlängerte man die Strecke in östlicher Richtung. Sie führte nun vom Hamburger Bahnhof zur Sandkrugbrücke und auf dem Fahrdamm der Invalidenstraße zum Stettiner Bahnhof. In westlicher Richtung überbrückte sie die Spree, durchschnitt den Königsplatz und führte zum Brandenburger Tor, von dort aus weiter entlang der Stadtmauer zum Potsdamer Bahnhof. Der östliche Teil der Bahn verlief im Zuge der späteren Gitschiner und Skalitzer Straße und wurde in Verlängerung der Eisenbahnstraße über die Spree geführt.

Wegen Baufälligkeit der Brücke über die untere Spree mußte die Bahn 1859 verlegt werden. Die neue Strecke führte im Zuge der heutigen Straße Alt-Moabit zur Spree, die auf einer gußeisernen Konstruktion überwunden wurde. Südlich davon erreichte die Strecke die alte Trasse. Die neue Brücke, später Moltkebrücke genannt, galt als die schönste der Residenz. An ihrer Konstruktion und Ausstattung wirkte Stüler mit.

Natürlich kam es durch den Zugverkehr so nahe der Stadt zu verschiedenen Unzuträglichkeiten, die schließlich 1864 zur Folge hatten, daß nur noch nachts gefahren wurde. 1867 bewilligte man die Mittel für eine Ringbahn, die die Verbindungsbahn ersetzen sollte. Die Teilstrecke von Moabit über Stralau bis Schöneberg konnte am 17. Juli 1871 eröffnet werden. Am schwierigsten gestaltete sich die Überwindung des Moorgebietes am Rummelsburger See. Weitere Verzögerungen in den Bauarbeiten traten durch den deutsch-französischen Krieg ein. 1872 gab es im südlichen Bereich bereits die Stationen Rixdorf, Tempelhof und Schöneberg, 1873 wurde der Westteil des Ringes in Angriff genommen und vier Jahre später fertiggestellt. Hier entstanden die Stationen Wilmersdorf-Friedenau, Grunewald (später Halensee) und Charlottenburg (später Westend).

Nachdem 1872 aus den Mitteln der französischen Kriegsentschädigung der Artillerieschießplatz Kummersdorf angelegt worden war, mußte eine Eisenbahnverbindung geschaffen werden. Die Berlin-Dresdener Eisenbahngesellschaft verlegte 1874 ein drittes Gleis neben ihrer

Strecke von Berlin bis Zossen. Das Eisenbahnbataillon baute die Anschlußstrecke von dort zum Schießplatz bis zum Sommer 1874. Der Berliner Endbahnhof lag südlich der Kolonnenstraße, westlich der Hauptgleise der Anhalter und Dresdener Strecke. Die Militärbahn hatte die Stationen Mahlow und – südlich von Zossen – Sperenberg und Klausdorf. Sie unterstand dem deutschen Generalstab und wurde vom Staat beaufsichtigt. Militärisches Personal übte den Bahndienst aus. Unteroffiziere waren Stationsvorsteher, Grenadiere stellten die Weichen. 1888 wurde auf der Strecke der öffentliche Verkehr zugelassen, 1894 eine Verlängerung der Strecke Richtung Jüterbog genehmigt und 1896 die Teilstrecke Kummersdorf – Jänickendorf eröffnet.

Die Wannseebahn wurde nach 1872 bis Zehlendorf viergleisig ausgebaut und auf einem Damm verlegt. Nach Einführung des ermäßigten Vororttarifs 1891 wuchs die Zahl der Fahrgäste erheblich.

Nachdem die Beziehungen zwischen dem Teltow und Berlin ab 1870 durch den Verkauf von Teltower Obst und Gemüse (Teltower Rübchen) in der Hauptstadt immer intensiver geworden waren und wohlhabende Berliner nach geeigneten Grundstücken im Umland zu suchen begannen, wuchs das Bedürfnis nach Verkehrsverbindungen, das durch die Eisenbahn anfangs nur unzulänglich befriedigt werden konnte.

1896 entstand das Projekt einer Teltower Dampfstraßenbahn, vorgetragen von dem Grundbesitzer und Arzt Dr. Stryck. Die Strecke sollte vom Bahnhof Groß-Lichterfelde (heute Lichterfelde-Ost) bis zur Stadt Teltow führen. Obwohl sich die Regierung in Potsdam ablehnend verhielt, wurde 1887 eine Aktiengesellschaft mit 175.000 Mark Stammkapital gegründet, zu deren Hauptteilhabern neben Stryck der Besitzer des Gutes Seehof, Max Sabersky, und der Teltower Bürgermeister Heller gehörten. Ein neuer Plan sah als Endpunkt der Bahn den Teltower Marktplatz vor. Der Kreisausschuß stimmte zu, und die Bahn erhielt die Betriebskonzession für 20 Jahre.

Nach einem mißglückten Versuch der Inbetriebnahme, bei dem die Straßenbahn in einer Kurve in Lichterfelde aus den Schienen sprang, wurde der Betrieb am 1.7.1888 aufgenommen. 1891 verlängerte man die Strecke nach Stahnsdorf. Die Fahrgastzahlen stiegen nach Eröffnung des Teltowkanals und mit Beginn des Ausflugsverkehrs zur Machnower Schleuse Anfang dieses Jahrhunderts. 1905 wurde die Straßenbahnlinie bis dorthin verlängert.

1906 übernahm die Kreisverwaltung den Betrieb der Bahn.

1907 erfolgte die Elektrifizierung der Strecke.

Der Strom wurde aus dem im Zusammenhang mit dem Bau des

Teltowkanals für den Treidelbetrieb angelegten Kraftwerk Schönow bezogen. 1921 übernahm die Berliner Straßenbahn den Betrieb der gesamten Linie, auch auf den Streckenabschnitten, die im Kreise Teltow verblieben. Die Berliner Straßenbahn ging 1929 in der BVG auf. Am 31. 10. 1961 wurde der Straßenbahnbetrieb auf der im Teltow verbliebenen durch die Mauer von Berlin getrennten Strecke eingestellt.

Der Kreis Teltow betrieb außer der geschilderten Straßenbahn weitere Strecken im späteren Bereich Groß-Berlins, nämlich von Groß-Lichterfelde nach Südende (seit 1881), von Steglitz nach Grunewald (seit 1905) und von Alt-Glienicke nach Adlershof (seit 1909).

Der erste Plan für eine Eisenbahnlinie von Rixdorf nach Mittenwalde entstand 1896. Ein zweites Projekt wurde zwei Jahre später entwickelt und mit der Betriebseröffnung am 28. 9. 1900 verwirklicht. Zwei Millionen Mark kosteten Grunderwerb und Ausstattung der Bahn. An der Rixdorf-Mittenwalder Eisenbahn-AG beteiligten sich außer dem Kreis Teltow die Gemeinden Britz, Rixdorf, Brusendorf, Bukkow, Groß-Kienitz, Mittenwalde, Rudow, Schönefeld und Selchow. Den Betrieb führte die Firma Vering und Wächter. Die eingleisige Strecke blieb in privater Hand. Sie wurde nach dem Zweiten Weltkrieg ab 1946 wieder befahren. Wegen der dortigen Ziegeleien und Müllgruben verlängerte man die Strecke 1903 für 360.000 Mark bis zum Schöneicher Plan.

Nachdem 1905 für den Berliner Stadtsynodalverband der parkähnliche Südwestfriedhof in Stahnsdorf angelegt worden war, auf dem viele berühmte Persönlichkeiten ihre letzte Ruhe fanden, wurde 1913 die von der Berliner Stadtsynode für 1,6 Millionen Mark erbaute Friedhofsbahn von Wannsee nach Stahnsdorf eröffnet. Grund und Boden wurden meist unentgeltlich zur Verfügung gestellt.

Die älteste Nachricht über den Nottekanal stammt aus dem Jahre 1559. Der Bruder des Schenken von Landsberg, Herr zu Wusterhausen, wandte sich damals mit einer Beschwerde an den Kurfürsten, in der er behauptete, der Schiffsgraben durch das Schenkenländchen schade den Wiesen. Amtshauptmann Eustachius von Schlieben und der kurfürstliche Rat von Thümen untersuchten die Beschwerden mit negativem Ergebnis.

Auch der Nachfolger Schliebens, Wolff von Closter, erhielt Beschwerden über den Kanal. Die Schleusen seien baufällig. Man erwähnte nicht, daß die Wiesen durch den Kanal entwässert wurden.

Die kurfürstlichen Behörden forderten die Stadt Mittenwalde immer wieder auf, die Gräben bei den Schleusen zu räumen. Die Müller von Mittenwalde wollten jedoch den Wasserstand möglichst hoch hal-

Ehemaliger Bahnhof Mittenwalde Ost der Mittenwalder Eisenbahn.
Brücke bei Mittenwalde über den Zülowkanal, gebaut 1931 vom Kreis Teltow.

ten, um ihre Wassermühlen betreiben zu können. Die Bauern brauchten niedrigen Wasserstand, damit ihre Wiesen nicht sauer wurden. Sogar das Berliner Kammergericht mußte sich mit diesen Streitigkeiten befassen.

Der Nottekanal diente damals der Abfuhr des Sperenberger Gipses. Nach dem Dreißigjährigen Krieg sollte der Kanal 1683 neu gebaut werden. Ärger gab es oft an der Mittenwalder Schleuse, weil die Durchfahrt durch Steine und Pfähle versperrt war, die im Wasser lagen. 1690 wollte man den Kanal verlängern. Er reichte bisher von der Spree über Wendisch-Wusterhausen bis zum Mellensee. Nun sollte er für 4.000 Taler bis zu den Gipsbergen am Sperenbergschen See geführt werden. Die Klausdorfer, die bisher den Gips an den Mellensee gefahren hatten, fürchteten um ihren Verdienst. Zu ihrem Glück zerschlug sich das Vorhaben. Die Mittenwalder beschwerten sich wiederholt über den Kanal, weil sie ihr Vieh dort nicht tränken konnten und das Wasser wegen der Holzverschalung nicht zum Bierbrauen taugte.

1719 und 1726 gab es neuen Streit um die Räumung des Gipsgrabens. Ein Gutachten von 1740 besagte, daß die Notte zu flach für die Schiffahrt sei. Man wollte Holz aus dem Sperenberger Forst nach Berlin flößen. Dazu mußte das Wasser drei Fuß tief sein (etwa 1 m). Die Notte erreichte diese Tiefe jedoch nur bis unterhalb des Prierowsees. Ihr Bett wurde vertieft, und die Schleusen wurden geräumt. Zu neuen Schwierigkeiten kam es zwischen 1831 und 1852, als die Notte verschiedentlich über ihre Ufer trat und die Wiesen verdarb. Daraufhin unterbreitete das Landesökonomie-Kollegium der Regierung 1851 Berichte des Landwirtschaftlichen Vereins Zossen, aus denen hervorging, daß nicht nur die Schiffahrt auf der Notte verbessert werden mußte, sondern die ganze Niederung der Entwässerung bedurfte.

Nach jahrelangen Vorbesprechungen kam es 1856 zur Gründung des Verbandes zur Regulierung der Notte. Im gleichen Jahr begannen die Arbeiten, die 1,2 Millionen Mark verschlangen. Die Niederung wurde auf Kosten der Interessenten entwässert, was sich schon bald durch höhere Ernteerträge bezahlt machte. Der Kanal erhielt drei Schleusen. In der Folgezeit gab es regen Schiffsverkehr durch Transporte von Zement, Ziegeln und Torf nach Berlin. Nach dem Bau der Eisenbahn verlagerten sich die Transporte auf die Schiene. Seitdem beschränkte sich die Schiffahrt auf der Notte auf Ausflugsverkehr. Dazu trägt auch die geringe Tiefe des Kanals bei, die nur Schiffen mit Finowmaß die Durchfahrt gestattet. Als Vorfluter ist der Nottekanal zusammen mit dem Galluner und dem Zülowkanal jedoch noch wichtig.

Der Bau des Teltowkanals wurde notwendig, weil die Schiffahrt zwischen Havel und Oder bis dahin mit erheblichen Schwierigkeiten zu kämpfen hatte. Bei der Passage der Spree oder des Landwehrkanals waren Drehbrücken für die Eisenbahn in Spandau, die Charlottenburger und die Schleuse an den Berliner Dammühlen oder die Tiergartenschleuse und die obere Schleuse des Landwehrkanals zu überwinden. Diese Routen waren gegen Ende des vorigen Jahrhunderts so stark befahren, daß der Bau einer südlichen Umgehung Berlins unabweisbar wurde. Verschiedene Pläne zerschlugen sich, weil die Ausdehnung Berlins und seiner Nachbarstädte rascher voranschritt als die Verwirklichung der Projekte. Der erste Plan stammte aus dem Jahre 1861 und sah nur eine enge Umfahrung Berlins bis unterhalb Charlottenburgs vor.

Regierungsrat Hartwich schlug 1874 einen Kanal von der Oberspree bis Wannsee vor. Damals wurden jedoch die Beseitigung des Staus am Mühlendamm und der Ausbau des Landwehrkanals für wichtiger gehalten.

1882 schlug Major Wagner einen Kanal vom Unterwasser des Landwehrkanals durch die Grunewaldseen zum Wannsee vor.

Nachdem sich die Ortschaften südwestlich Berlins stark auszudehnen begannen, wurde die Entwässerung der Gegend durch einen Vorfluter dringlich. Das gab den Ausschlag für die nunmehr verwirklichte Kanalführung, für die sich Landrat Stubenrauch erfolgreich eingesetzt hatte.

Der erste Spatenstich für den Kanalbau erfolgte in Anwesenheit des Kronprinzen am 22. Dezember 1900 im Babelsberger Schloßpark. Im darauffolgenden April begannen die regulären Arbeiten. Der Kanal zweigt von der Havel bei Klein-Glienicke ab, nutzt das Bäketal, so daß das Flüßchen ebenso wie der Schönower und der Teltower See verschwand, durchbricht die Teltowhöhen zwischen Lankwitz und Britz und verläuft weiter im Dahmetal bis zur Einmündung bei Grünau. Der Kanal hat eine Länge von 37 km und benötigt nur eine, die Machnower, Schleuse, um den Höhenunterschied von 2–3 Metern zwischen Spree und Havel zu überwinden. Allerdings schneidet er sich bis zu 17 m in die Höhe des Teltow ein. Der Kanal wurde für Schiffe mit bis zu 1,75 m Tiefgang und 600 t Tragfähigkeit angelegt und in den 30er Jahren für 1.000-t-Schiffe befahrbar gemacht.

Die Machnower Schleuse entwickelte sich mit ihren Ausblicken und dem Wirtshaus rasch zu einem Anziehungspunkt der Berliner Ausflügler.

Die Ufer des Kanals wurden so ausgebildet, daß bis zum Zweiten Weltkrieg die Kähne im Treidelbetrieb von elektrischen Lokomotiven gezogen werden konnten. Dafür entstand das Kraftwerk Schönow. In Lichterfelde, Steglitz, Tempelhof und Britz wurden am Kanal Häfen angelegt.

Die Anfänge der Autobahn reichen bis ins Jahr 1909 zurück. Damals schlug der exklusive Kaiserliche Automobilklub dem Kreise Teltow vor, wegen der vielen Unfälle auf der Straße von Berlin nach Potsdam eine Automobilverkehrsstraße durch den Grunewald zu bauen. Die vom Landrat von Achenbach veranlaßte Verkehrszählung ergab, daß am Sonntag, 11. 7. 1909, zwischen 7 und 23 Uhr 496 Automobile die Grunewaldchaussee benutzten. Die AVUS-Gesellschaft (AVUS = Automobil-Verkehrs- und Übungsstraße) wurde gegründet und vom Kreis Teltow für den Bau der Straße mit 1/4 Million Mark unterstützt. Die Stadt Berlin lehnte eine Beteiligung an den Baukosten ab. Von vornherein sollte die Straße so angelegt werden, daß sie auch für Autorennen geeignet war.

Im Frühjahr 1914 wurde mit den Arbeiten begonnen. Wegen des Krieges verzögerte sich die Fertigstellung bis 1919. Aus Geldmangel sah man davon ab, die Strecke, wie ursprünglich vorgesehen, bis Potsdam zu verlängern.

1936 begann der Bau des Autobahnringes im Süden Berlins. Ökologische Bedenken gab es damals, wie der Damm über den Nordzipfel des Rangsdorfer Sees zeigt, nicht.

Schon 1909 legte die Deutsche Flugplatzgesellschaft in Johannisthal einen Flugplatz an, der im gleichen Jahr mit der ersten internationalen Flugwoche eröffnet wurde. Im Ersten Weltkrieg wurden hier Militärflugzeuge hergestellt.

Im Zuge der Rüstung für den Zweiten Weltkrieg entstand in Schönefeld 1934 ein Flugzeugwerk, dessen Flugplatz nach 1948 ausgebaut und in mehreren Bauabschnitten bis 1976 zur heutigen Größe entwickelt wurde.

Industrie auf dem Teltow

Entscheidend für die Industrialisierung auf dem Teltow waren die Verkehrsverbindungen, wobei das wichtigste „Ereignis“ die Fertigstellung des Teltowkanals 1906 war. So gelang es der Stadt Teltow, ein Industriestandort zu werden.

1904 ließ die Berliner Porzellan-Manufakur Conrad, Schomburg und Co. das erste Fabrikgebäude unweit des Kanals erbauen. Es mußte im Frühjahr 1993 umfangreichen Neubaukomplexen weichen, die von der Unternehmensgruppe Ernst-Wisser Techno Terrain Teltow errichtet werden. Am 6. 11. 1992 wurde hier in Teltow auf dem ehemaligen Betriebsgelände der Produktionsstätte für elektronische Bauelemente „Carl von Ossietzky“ der Grundstein für den größten innerstädtischen Büro- und Gewerbepark des Landes Brandenburg gelegt. Das gesamte Gelände umfaßt 600.000 qm, es sollen dadurch 7.000 Arbeitsplätze erhalten bzw. geschaffen werden.

Teltow wird somit Standort für Hochtechnologie bleiben, nachdem drei Mikroelektronikbetriebe mit Tausenden von Arbeitsplätzen zusammengebrochen sind.

In die Schlagzeilen geraten sind die Investoren, weil der Kaufpreis für das Werksgelände bei der Treuhand nur eine Mark betrug, was mit sonstigen erheblichen Lasten gerechtfertigt wurde. Die Vorwürfe sind mit den Nachverhandlungen vom Tisch, die Ermittlungen gegen den Treuhandbearbeiter eingestellt.

Auch andere Industriezweige siedelten sich Anfang des Jahrhunderts unweit der Stadt Berlin an, und zwar dort, wo es Bahnanschluß gab, wie die Berliner Maschinenbau-Aktien-Gesellschaft, vormals Schwartzkopf (seit 1852 in der Chausseestraße, ab 1869 in der Ackerstraße in Berlin) nördlich von Königs Wusterhausen. Das Gelände mit 600.000 qm wurde 1897 auf Hoherlehmer Gebiet erworben, man errichtete Fabrikgebäude für den Lokomotivbau, Massivbauten im märkischen Backsteinstil. Daneben entstand die Wohnkolonie Wildau, bestehend aus 57 Vierfamilienhäusern für Arbeiter und 13 Zweifamilienhäusern für Beamte, Meister und Ingenieure, jeweils mit Garten.

Für die damals 1.500 Einwohner errichtete der Steglitzer Architekt Georg Büttner die Kirche.

Nach 1860 bekamen die bekannten Rathenower Ziegel durch Teltower Ziegelsteine Konkurrenz; südlich der Notte eignet sich der Lehmboden vortrefflich zur Herstellung von Ziegeln, so daß u. a. in Löpten,

Köris, Gussow und Halbe, im ehemaligen Schenkenländchen, Ziegeleien entstanden, deren Verkehrserschließung über die Wasserstraßen recht günstig war.

Ein von Friedrich Eduard Hoffmann 1857 entwickelter Ringofen (erst rund, später oval) wurde 1890 in Klausdorf aufgestellt, um die Jahrhundertwende konnte man hier fast 60 Millionen Ziegel im Jahr brennen. Die Ziegelsteine wurden mit Pferdefuhrwerken zur Verladung zum Mellensee gebracht, von dort ging es auf dem Nottekanal und der Dahme nach Berlin.

Ab 1880 gibt es eine Schmalspurbahn zum Mellensee, die in Zossen von der Dresdener Bahn abzweigt.

Auch Glienick (slaw. glin = Lehm) besaß seit Ende des 19. Jahrhunderts einen Ringofen. Die Ziegelproduktion wurde hier 1960 eingestellt, der Ton wird weiterhin nach Klausdorf transportiert.

In der Zossener Wasserstraße 5 stehen drei etwa 18 m hohe turmartige Ziegelgebäude von 7 m Durchmesser und zum Teil mit einer eisernen Brücke verbunden. Die beiden Rundbauten sind ehemalige Kalkbrennöfen, der quadratische Bau ist das Treppenhaus mit dem Aufzugsschacht. Diese Kalkofenanlage, die 1850 errichtet wurde (30 Jahre später kam ein zweiter Ofen hinzu), übernahm 1867 die Firma Adler-Deutsche Portlandzementfabrik, die um 1900 in Zossen 250 Arbeitskräfte beschäftigte. Der Kalkstein kam über den Nottekanal aus Rüdersdorf, er wurde in Zossen gelöscht und dann nach Berlin bzw. in die Niederlausitz transportiert. Schon 1914 ging diese Anlage außer Betrieb, heute steht sie unter Denkmalschutz.

Als bedeutender Industriestandort auf dem Teltow ist vor allem noch Ludwigsfelde zu nennen, mit Anschluß an die Anhalter Bahn, die zum einen die Möglichkeiten am Ort verbesserte, zum anderen jedoch die Abwanderung von Arbeitskräften nach Berlin wegen der besseren Löhne erleichterte.

Nach 1935 wurde in der Genshagener Heide bei Ludwigsfelde im Zuge der Kriegsvorbereitungen ein Daimler-Benz-Flugzeugmotorenwerk auf einer 375 ha großen Waldfläche aus dem Boden gestampft. Gleichzeitig entstanden für die Beschäftigten und deren Familien 400 Wohnungen und ein Schulgebäude, der Kern der heutigen Stadt Ludwigsfelde.

1936 arbeiteten 180 Angestellte und Arbeiter im Werk, Mitte 1937 bereits 5.600; viele von ihnen kamen aus anderen Daimler-Werken, zum Beispiel aus Marienfelde und Untertürkheim.

Im Zweiten Weltkrieg stieg die Zahl der Beschäftigten durch Kriegsgefangene und Zwangsarbeiter auf ca. 15.000!

Ehemalige Kalkofenanlage in Zossen.

Im Frühjahr 1945 wurde die Produktion schon wieder eingestellt, nachdem das Werk nach Obrigheim/Neckar ausgelagert und im Sommer 1944 bombardiert worden war. Kurz vor Kriegsende besetzten sowjetische Soldaten die Anlagen, demontierten die Maschinen und sprengten später die Gebäude auf Grund des Potsdamer Abkommens.

Nach dem Kriege verließen viele Einwohner den Ort, Flüchtlinge belegten den freigewordenen Wohnraum. Die DDR-Regierung stellte in Ludwigsfelde wieder eine Industrie auf die Beine. Zwar scheiterte der Flugzeugbau, doch brachte nach verschiedenen Versuchen ab 1954 der Bau von 240.000 Motorrollern und ab 1965 von 600.000 LKWs großen Erfolg.

Einen Rückschlag gab es nach der Wende, als es nach großen Versprechungen Anfang November 1992 für das Ahrensdorfer Gelände bei Ludwigsfelde hieß: „Mercedes-Werk für LKW auf Eis gelegt." Von 1994 an sollten 4.000 Beschäftigte jährlich 40.000 Lastwagen produzieren. Als Grund des Rückziehers wurden strukturelle Probleme in der europäischen Nutzfahrzeugindustrie genannt, die das Projekt um 2–3 Jahre aufschieben.

Trotz aller dadurch entstandenen Schwierigkeiten sollte man die Zeit nutzen, um darüber nachzudenken, ob dies nicht vielleicht ein Fingerzeig ist, der Natur auf dem Teltow an einigen Stellen weiterhin den Vorrang zu gewähren. Es bleibt zu befürchten, daß mit ihr zu sorglos umgegangen wird, indem gedankenlos Gewerbekomplexe auf die grüne Wiese gestellt werden, nur des günstigen Bodenpreises wegen. Vielleicht kann dem durch Alternativen abgeholfen werden. Dem Teltow wäre dies zu wünschen!

Die Entwicklung Groß-Berlins auf Teltower Gebiet

Ein größerer Teil Berlins gehörte früher zum Teltow. Veränderungen gab es im Umland der Residenz Berlin schon vor dem Dreißigjährigen Krieg durch die Kurfürsten, deren großes Interesse der Jagd galt. Ihr zuliebe wurden die Gemeindewälder von Tempelhof und Britz zu einem kurfürstlichen Hasengehege umgestaltet, der Hasenheide. Der Tiergarten wurde als Jagdrevier eingezäunt. Im Grunewald baute der Architekt Caspar Theyß 1542 das Jagdschloß für Joachim II.. Schloß Köpenick diente dem gleichen Zweck.

Die hohen Beamten bei Hofe siedelten sich in der Umgebung Berlins an. Hofgärtner Michael Hanff bekam ein kleines Gut in Rudow. Das Herrenhaus galt als eines der vornehmsten in der Mark. Auch der Kanzler Lampert Distelmeier hatte hier in Rudow einen Hof. Oberkämmerer Hieronymus Schlick standen die Dienste von sechs Hüfnern und allen Kossäten zu. So wurden die Hofbeamten versorgt, eine Entwicklung, die durch den Dreißigjährigen Krieg nur unterbrochen wurde.

Nach dem Kriege erwarb der Große Kurfürst von den Schlabrendorfs Klein-Glienicke, wo er vorher schon ein kleines Jagdhaus hatte, das über eine hölzerne Brücke mit Potsdam verbunden war.

Der Herrscher hielt sich gern in Klein-Glienicke auf und ließ sich hier ein schönes Jagdschloß bauen. Der Garten wurde 1680 mit Pflanzen aus dem Lustgarten angelegt. Nördlich davon und am heutigen Böttcherberg entstanden Weinanpflanzungen.

Nach dem Tode des Großen Kurfürsten verlor Klein-Glienicke lange Zeit seine Bedeutung, bis es vom Kanzler Hardenberg neu entdeckt und vom Prinzen Carl, dem dritten Sohn König Friedrich Wilhelm III., ab 1824 auf das großzügigste umgestaltet und erweitert wurde. Schinkel baute das dortige Landhaus zum Schloß um, Lenné gestaltete den Park. Der Prinz stattete das Anwesen mit Kunstwerken aus, die er von seinen Reisen mitbrachte.

Die bedeutendsten Veränderungen geschahen mit dem Dörfchen Lützow, das sich die Kurfürstin Sophie Charlotte zur Sommerresidenz erkor. Nering errichtete 1695 das Schloß, das Eosander von Göthe um den Ehrenhof erweiterte. 1705 starb die geistvolle Hausherrin. Der König benannte den Ort nach ihr in Charlottenburg um und verlieh ihm die Stadtrechte.

Die Zeit der Lustschlösser war mit Friedrich Wilhelm I. vorbei. Es blieb die Fürsorge für hohe Staatsbeamte. Rüdiger von Ilgen, leitender Minister, erwarb das Gut Britz. 1764 gehörte es der Frau des Ministers Friedrichs des Großen, Hertzberg, der sich als Historiker das Verdienst erwarb, das Landbuch Kaiser Karl IV. herausgegeben zu haben. Er entwickelte Britz zu einem Mustergut und widmete sich auch der Seidenraupenzucht. Im Gutspark wurde später die erste Robinie der Mark gepflanzt, Ahnfrau von Millionen, die unsere Wälder bevölkern.

1801 erwarb der Kabinettsrat Friedrich Wilhelm III., Beyme, Steglitz. Er ließ sich von Heinrich Gentz (andere sagen von David Gilly) das Schlößchen bauen und umgab es mit einem englischen Park. Er erweiterte seinen Besitz 1804 mit Dahlem und Schmargendorf, die er vom Grafen Podewils kaufte. 1841 verkaufte Beymes Tochter, die den Landrat von Gerlach geheiratet hatte, den gesamten Besitz an den Staat.

Im 18. Jahrhundert wurden im Rahmen der Kolonisation verschiedene neue Orte gegründet. In Müggelheim und Grünau wurden Pfälzer angesiedelt, in Neu-Schöneberg Flüchtlinge aus Böhmen. In Adlershof entstand eine Maulbeerbaumplantage. In Johannisthal wurden Wollspinner und Strohhutflechter, Büdner ohne eignes Land, angesiedelt. Eine Büdneransiedlung erweiterte das Vorwerk Treptow. Waldarbeiterstellen entstanden in Neu-Zehlendorf. Auch das Vorwerk Bohnsdorf nahm Kolonisten auf.

Immer mehr Handwerker zogen in die Dörfer um Berlin und mieteten sich als Einlieger bei den Bauern ein. Später erwarben sie kleine Häuschen und wurden Büdner. Auch Gärtner erwarben Besitz.

Die preußischen Reformgesetze brachten Gewerbefreiheit. Sie verstärkte die Ansiedlung von Büdnern in den Dörfern erheblich. Die Kolonistensiedlung Böhmisch-Rixdorf wuchs rapide an. Die Jünger Turnvater Jahns pilgerten zu seinem Turnplatz in der Hasenheide.

Die Stadt Berlin entledigte sich im 19. Jahrhundert mehr und mehr platzaufwendiger Anlagen, die in den Grenzen der Stadtmauern nicht mehr unterzubringen waren. Ein Ring von Friedhöfen umgab die Mauern. Im Teltow entstanden die Friedhöfe am Halleschen Tor, später die zwischen Monumenten- und Kolonnenstraße, an der Bergmannstraße, am Hermannplatz und an der Hermannstraße.

Die alten Exerzierplätze vor den Toren genügten nicht mehr. Im Süden Berlins wurde schon seit 1722 auf dem Tempelhofer Feld geübt, anfangs nur wenige Wochen im Jahr, nach den Befreiungskriegen täglich. 1826 erwarb der Staat das ganze Gebiet. Am Rande des Platzes durfte seit 1838 der Württemberger Hopf das erste Berliner Bockbier brauen.

Schöneberg verlor seinen dörflichen Charakter um die Mitte des vorigen Jahrhunderts. 1861 mußte es einen Teil seiner Gemarkung an Berlin abgeben. Damit verlor der Ort 80% seiner Einwohner. 1872 wurde Schöneberg selbständiger Amtsbezirk. Zwei Jahre später vereinigten sich altes Dorf und Kolonie. Der frühere Zossener Feurig war der erste Bürgermeister der neuen Gemeinde. Als der Ort 1898 Stadtrecht bekam, hatte er bereits 65.000 Einwohner.

In Rixdorf siedelten sich in der zweiten Hälfte des 19. Jahrhunderts immer mehr Industrie- und Gewerbebetriebe an. Auch diese Gemeinde mußte 1861 Land an Berlin abtreten. 1872 wurden Deutsch- und Böhmisch-Rixdorf zu einer Gemeinde vereinigt, die seit 1874 von dem früheren Rentmeister des Mühlenhofes, Boddin, geleitet wurde. 1899 bekam Rixdorf Stadtrecht und schied gegen Zahlung von einer Million Mark Abfindung aus dem Kreise Teltow aus.

Köpenick blühte unter Friedrich dem Großen auf. Verschiedene Seidenmanufakturen siedelten sich an. Die Fabrikanten Simond und Masson kamen aus Lyon. Daneben gab es eine Strumpfwirkerei, eine Leinen- und eine Nesseltuchweberei. Die Zahl der Einwohner wuchs dadurch auf fast 1.400. Nach 1815 verschwand die Seidenindustrie. Nach Einführung der neuen Städteordnung durfte sich Köpenick selbst seine Räte und Bürgermeister wählen. Der staatliche Domänenbesitz wurde parzelliert und an Ackerbürger verkauft. Das Schloß, das kurze Zeit den Schmettaus gehört hatte, gelangte wieder in staatlichen Besitz, wurde vorübergehend Gefängnis und 1851 Lehrerseminar. In der Folgezeit wuchsen Köpenicks Vorstädte. Eine davon, Spindlersfeld, genannt nach dem Inhaber der großen Wäschereifirma, entwickelte sich zur „Wäscherei Berlins".

Das 1903–05 gebaute Rathaus errang 1906 Weltberühmtheit, nachdem sich der Schuster Voigt dort der Stadtkasse bemächtigt hatte.

Im Treptow waren 1777 drei Büdner angesiedelt worden. Für die Berliner Ausflügler wurde ein Gasthaus errichtet und 1822 vergrößert: Zenner. Auch die Kolonisten wollten die Berliner bewirten, durften aber, da sich der Gastwirt beschwerte, nur heißes Wasser ausschenken. So entstand die Idee: „Hier können Familien Kaffee kochen". Den Kaffee mußten sich die Gäste selbst mitbringen. Allmählich entstanden viele Gartenlokale in Treptow.

Die Cöllnische Heide wurde größtenteils abgeholzt und parzelliert. Den Rest gaben ihr die Ausflügler. Zwischen 1876 und 1887 legte Gartenbaudirektor Gustav Meyer den Treptower Park an, in dem 1896 die Gewerbeausstellung stattfand. 1909 entstand die Sternwarte. Nach dem Bau des Teltowkanals zog immer mehr Industrie nach Treptow.

Zwischen Johannisthal und Britz breiteten sich die 1720 gegründeten Baumschulen von Späth aus. Bald gab es Konkurrenzen. Es entstand der Ortsteil Baumschulenweg. Das kleine Dörfchen Schöneweide verwandelte sich in einen Industriestandort.

Steglitz entwickelte sich im 19. Jahrhundert zum Villenvorort für Philosophen und Pädagogen. 1901 wurde im Steglitzer Rathaus der „Wandervogel" gegründet. Erst 1920 wurde der Ort zu Berlin eingemeindet.

1865 kaufte der Hamburger Großkaufmann Carstenn das Gut Lichterfelde und 1.500 Morgen des Rittergutes Giesensdorf. Er gehörte hier wie in Friedenau zu den Gründern von Kolonien, die an vielen

Stellen im Westen und Süden Berlins durch Parzellierung entstanden. Vorbilder gab es in England. Carstenn baute sich das Gutshaus in Lichterfelde zu einem Schlößchen um, ließ einen Park und Straßen anlegen. Er schenkte dem Kaiser das Gelände für den Bau der 1878 eröffneten Hauptkadettenanstalt und versprach eine Fahrverbindung zum Bahnhof. So fuhr in Lichterfelde 1881 die von Siemens & Halske gebaute erste elektrische Straßenbahn der Welt. Weil der Grundstücksverkauf zu wünschen übrig ließ und eine wirtschaftliche Flaute hinzukam, ging Carstenn bankrott. Lichterfelde durfte sich 1878 nach Vereinigung mit Giesensdorf Groß-Lichterfelde nennen, um Verwechslungen vorzubeugen. 1884 erkor das Gardeschützen-Bataillon den Ort zu seiner Garnison. 1893 wurde es selbständiger Amtsbezirk.

Viele berühmte Persönlichkeiten zogen nach Lichterfelde. Der Flugpionier Otto Lilienthal unternahm von einem Hügel aus, den er anschütten ließ, seine Flugversuche. Die 1932 geschaffene Gedenkstätte erinnert an ihn, ebenso wie das Denkmal am Teltowkanal.

Sein Bruder Gustav bemühte sich um Kostensenkung durch rationelles Bauen. 23 der von ihm erbauten Häuser mit unverwechselbarem Stil stehen heute noch.

Das im Mittelalter entstandene Dörfchen Lankwitz lag lange abseits des Verkehrs und wurde erst durch eine 1895 eröffnete Haltestelle der Anhalter Bahn erschlossen. Ansätze von Villenkolonien der Gründerjahre, die, wie in Lichterfelde, liegen blieben, wurden in diesem Jahrhundert zur Gartenstadt weiterentwickelt.

Dahlem wurde, nachdem es 1841 in staatlichen Besitz gelangt war, 1901 parzelliert und zu einem Villenvorort. Cuno Hans von Wilmersdorf, der das Gut nach dem Dreißigjährigen Krieg erwarb, baute das Herrenhaus 1680 in der heutigen Form um. Nur der Westflügel wurde erst 1914 angebaut. Die Epitaphien der Wilmersdorfs sind in der Dorfkirche erhalten, die von ihnen nach dem Brande von 1620 erneuert wurde.

Der von Bismarck angeregte Kurfürstendamm wurde 1881 ausgebaut und führt direkt auf die Villenkolonie Grunewald zu. Auf 324 ha entstand sie durch die Initiative der Kurfürstendammgesellschaft seit 1889. Bestimmte bauliche Auflagen waren zu beachten, um das Grün zu erhalten. Mehrere Fenne wurden durch Ausbaggern zu Seen. Otto March, Alfred Messel und Franz Schwechten erbauten neben anderen Architekten einige Villen dieser Siedlung.

Nach 1870 begann sich auch Zehlendorf durch Parzellierung und Ansiedlung großstadtmüder Berliner auszudehnen. Der Grunewald wurde in den folgenden Jahrzehnten immer mehr „bedrängt", als die weiträumigen Vororte Schlachtensee und Nikolassee entstanden.

Eine kunsthistorische Delikatesse ist die Pfaueninsel.

Der Große Kurfürst überließ sie 1685 dem Alchimisten Kunkel, der im Geruch stand, Gold machen zu können. Er stellte dort Kristall- und Rubinglas her. Friedrich Wilhelm II. ließ 1794–97 ein Lustschlößchen auf der Insel bauen, dessen Fertigstellung er jedoch nicht mehr erlebte. Entsprechend dem Zeitgeschmack war das Schloß als Ruine errichtet. Am anderen Ende der Insel wurde eine Meierei im Stil einer gotischen Ruine erbaut. Friedrich Wilhelm III. erkor die Insel zur Sommerresidenz.

Lenné begann 1822, die Insel als englischen Park anzulegen. Die Menagerie stellte später den Grundtierbestand des Berliner Zoos. 1824/25 baute Schinkel unter Verwendung der Fassade eines Danziger Patrizierhauses das Kavaliershaus. Albert Dietrich Schadow schuf den kleinen Gedächtnistempel für die Königin Luise, ehemalige Fassade des Mausoleums in Charlottenburg, Rauch die Büste darin 1829. Seit der Mitte des vorigen Jahrhunderts ist die Insel dem Publikum zugänglich.

Die Gegend am Halleschen Tor wurde 1861 von Tempelhof ausgegliedert und zu Berlin geschlagen. Gegen Ende des Jahrhunderts bildete sich nach Inbetriebnahme der Ringbahn ein Industrieviertel.

Die Entwicklung Berlins und seiner Vororte legte schon um 1850 den Gedanken nahe, die Gemeindegrenzen der Stadt zu erweitern. Die Eingemeindungen von 1861 brachten nur vorübergehend Entspannung. Oberbürgermeister Arthur Hobrecht wollte in den 70er Jahren Berlin und Charlottenburg mit den umliegenden Gemeinden auf Barnim und Teltow vereinigen. Einer der Hauptgründe für diese Überlegung war die Berliner Entwässerung.

James Hobrecht, Arthurs älterer Bruder, war 1869 als Stadtbaurat für das Tiefbauwesen vom Magistrat der Stadt Berlin beauftragt worden, sich mit der Frage der Entwässerung der Stadt zu befassen. Als Vorbild dienten Erfahrungen der Stadt Danzig. Der bekannte Arzt und Stadtverordnete Rudolf Virchow unterstützte nachdrücklich Hobrechts Entwurf, die Stadt in zwölf selbständige Entwässerungsgebiete aufzuteilen. Aus ihnen sollte das Schmutzwasser vom jeweils tiefsten Punkt aus durch unterirdische Kanäle zu den Rieselfeldern hinausgepumpt werden, wo es nach einem ausgeklügelten System versikkerte und dabei natürlich gereinigt wurde. Zu diesem Zweck mußte die Stadt umfangreichen Besitz an Grund und Boden in der Umgebung Berlins erwerben. Es boten sich waldlose Flächen im Norden,

Osten und Süden an. Gegen starke Widerstände setzten Hobrecht und Virchow den Plan in die Tat um. Schon 1874 wurden die Rittergüter Osdorf und Friederikenhof angekauft, ein Jahr später die ersten Abwässer nach Osdorf gepumpt. 1881 wurde Heinersdorf, 1883/85 Großbeeren mit Ruhlsdorf und Diedersdorf, 1902/03 Sputendorf mit Schenkendorf und Gütergotz und 1902 Birkholz gekauft. Schöneberg kaufte Deutsch-Wusterhausen, Rixdorf Boddinsfelde und Waßmannsdorf, Steglitz Klein-Ziethen und Lichterfelde Werben. In den 20er Jahren wurden Düppel, Britz, Groß-Ziethen und Selchow hinzugekauft.

Die ersten Versuche zur Anlage eines Rieselfeldes fanden 1870 auf dem Tempelhofer Feld statt. Nach Erfahrungen in der englischen Stadt Croydon nahm man an, daß ein Teil des Abwassers nach Reinigung durch den Boden am Ende der berieselten Fläche abfließen würde. Der märkische Sand schluckte aber die gesamte Wassermenge. Nach weiteren Versuchen kam man zu dem Schluß, daß eine Verunreinigung des Grundwassers nicht einträte, wenn man umwallte Becken in 50 cm Höhe mit Abwässern füllte, wobei Tonerde und Phosphat zugegeben wurden. Pflanzen, die kein langes Wachstum brauchten, gediehen auf dem so gedüngten Boden am besten.

Auf den Rieselfeldern leitete man das Wasser zu hochgelegenen Punkten, von denen es zur Vorklärung in Becken von 15–50 a abgelassen wurde. Durch Faschinen gehindert, lief das Wasser langsam ab, wobei sich alle festen Stoffe als Schlick absetzten. Das vorgereinigte Wasser wurde über ein Kanalsystem zu den einzelnen Schlägen geleitet, die von Wegen umgeben waren. Auf ebenen Schlägen wurde das Wasser gestaut, auf Hangschlägen heruntergerieselt. Die angebauten Pflanzen vertrugen eine unterschiedlich häufige Berieselung. Getreide durfte einmal, Gras bis zu achtmal im Jahr berieselt werden. Pro Hektar wurden bei jeder Berieselung 5.000 m^3 Abwasser zugeleitet. Das überschüssige Wasser wurde durch Drainage entfernt und in Bäche und Flüsse geleitet.

Die größte Schwierigkeit beim Anbau von Pflanzen auf den Rieselgütern bildete das rasch wachsende Unkraut. Am wenigsten Pflege brauchten naturgemäß die Wiesen. Nach einigen Jahren erwies sich eine Düngung der Rieselfelder mit Kalk als notwendig, um eine Verschlickung des Bodens zu vermeiden.

Auf den Stadtgütern der Rieselfelder wurden neben allen Arten von Gemüse auch Kartoffeln angebaut und Obstbäume gepflanzt. An Tieren wurden Pferde, Schweine, Kühe und Schafe gehalten. Seit 1890

Auf den Osdorfer Rieselfeldern vor 1900.
Berliner Stadtgut Deutsch-Wusterhausen um 1955.

wurden Teiche zur Fischzucht angelegt. In den Zwanziger Jahren ging man zur Geflügelzucht über.

Um die Rentabilität der Güter zu erhöhen, wurden seit 1922 größere Ländereien der Stadtgüter verpachtet. Sie trugen wesentlich zur Versorgung Berlins mit Nahrungsmitteln bei. Es wäre bei ausschließlichem Gemüseanbau möglich gewesen, den Bedarf vollständig zu dekken. Man spezialisierte sich auf Nahrungsmittel, die keinen langen Transport vertragen, wie Milch und Frischgemüse.

Arthur Hobrecht beantragte 1875, eine Provinz Berlin zu bilden, in der die einzelnen Gemeinden ein großes Maß an Selbstverwaltung behielten. Sein Antrag scheiterte an politischen Erwägungen, insbesondere der Regierung. Die Berliner Stadtverordneten, ebenso die Landgemeinden, fürchteten, an Macht und Einfluß zu verlieren. Der Kaiser und Bismarck wünschten keine starke Stadt. 1881 wurden einige kleinere Gebiete, wie der Tiergarten, eingemeindet.

1890 gab es einen neuen Vorstoß der Regierung in der Eingemeindungsfrage. Die Einwohnerzahl Berlins hatte sich seit 1860 verdreifacht. Die Grundstückspreise waren nicht mehr zu bezahlen. Immer mehr Menschen wanderten in die umliegenden Gemeinden ab. Dabei bildeten sich starke Gegensätze zwischen den reichen Gemeinden im Westen und Süden und den armen im Norden und Osten. Innenminister Herrfurth schlug die Eingemeindung von Charlottenburg, Rixdorf, Schöneberg und Wilmersdorf, sowie zahlreicher kleinerer Vororte, vor. Der Berliner Oberbürgermeister Forckenbeck beurteilte den Plan wohlwollend. Nach seinem plötzlichen Tod im Mai 1892 zerstritten sich die Parteien erneut. Die ablehnende Haltung der Krone war unverändert. Die Berliner fürchteten vor allem die Kosten, die ihnen aus der Schaffung einer städtischen Infrastruktur in den Landgemeinden erwachsen könnten. Als Herrfurth zurücktrat, erlosch jedes Interesse an dem Plan. Die Regierung wollte nun „einen Kranz blühender Vororte um den Wasserkopf Berlin“ schaffen.

Inzwischen wuchsen Charlottenburg, Schöneberg, Wilmersdorf, Neukölln und Berlin immer mehr zu einem einheitlichen Gebilde zusammen. Der Berliner Oberbürgermeister Kirschner strebte zu Anfang dieses Jahrhunderts erneut einen modernen Großstadtverband an. Die Berliner unterstützten ihn, Teltow und Niederbarnim jedoch lehnten ab. Stark engagierte sich auch Charlottenburg gegen den Plan. Der Preußische Landtag fürchtete eine Vergrößerung und damit Stärkung Berlins, das zu liberal und sozialdemokratisch war.

1911 wurde aus unabweislicher Notwendigkeit ein „Zweckverband Groß-Berlin“ gebildet, dem neben Berlin Charlottenburg, Schöneberg,

Wilmersdorf, Neukölln, Lichtenberg, Spandau und die Landkreise Teltow und Niederbarnim angehörten. Zu regeln waren dringend die Bebauungspläne, das Verkehrswesen, die Anlage von Parks und der Erhalt von Waldflächen. Trotz aller Schwierigkeiten gelang es diesem Zweckverband, Dauerwald in der Umgebung Berlins zu kaufen und u.a. den Grunewald vor weiterer Zersiedlung zu bewahren.

Vorangetrieben wurde die Einigung entscheidend durch den Ersten Weltkrieg, der eine einheitliche Bewirtschaftung der Lebensmittel und verknappten Güter innerhalb des Großraumes Berlin erzwang. 1917 bildete sich ein Bürgerausschuß Groß-Berlin, der von dem Schöneberger Bürgermeister Dominicus geleitet wurde. Die Gegner, die einen Zusammenschluß der Gemeinden in einer Föderation befürworteten, fanden sich in der Vorortgemeinschaft im Kreise Teltow zusammen.

Als nach der Revolution von 1918 das allgemeine gleiche Wahlrecht eingeführt wurde, verschwand die Mehrheit der bürgerlichen Parteien in der Berliner Stadtverordnetenversammlung. Die Preußische Landesversammlung beschloß gegen den Widerstand der bürgerlichen Parteien am 27. April 1920, eine neue Stadtgemeinde Berlin zu schaffen. Acht Städte, 59 Landgemeinden und 27 Gutsbezirke wurden zu Groß-Berlin zusammengeschlossen.

Der Teltow im Spiegel der Kultur

Architektur – Wappen und Fahnen – Hauszeichen – Volksbräuche – Persönlichkeiten – Die Ufa in Neubabelsberg

Was ist von dem geistigen Leben früherer Jahrhunderte erhalten?

Unübersehbar stehen die festen Mauern der drei alten Schlösser Köpenick, Königs Wusterhausen und Charlottenburg. Köpenicks Burg war anscheinend die älteste. Über die Entstehungszeit der Wusterhausener Anlage weiß man nichts Genaues.

Die slawische Burg Köpenick wurde im 10. Jahrhundert, möglicherweise im Zusammenhang mit dem Slawenaufstand 983, zerstört. Die zweite Burg der polnischen Piastenherrscher ging um 1200 unter. Wenig später entstand die askanische Burg, nachdem der Machtanspruch der Wettiner abgewehrt worden war.

Die Besitzer Köpenicks wechselten oft; denn die strategische Lage der Burg versprach Einfluß auf die Handelsbeziehungen Berlins. Die Quitzows setzten sich dort fest und mußten von den Hohenzollern vertrieben werden. Kurfürst Joachim II., der große Liebhaber Nimrods, setzte an vielen Stellen Zeichen seiner Jagdleidenschaft. Auf seinen Befehl wurde die Burg Köpenick in ein Jagdschlößchen umgestaltet. Die Vollendung des Baues erlebte der Kurfürst nicht mehr.

Der Große Kurfürst schenkte Köpenick seinen beiden ältesten Söhnen. Nach dem Tode des Prinzen Karl blieb Friedrich allein im Besitz des Amtes und der Burg. Hier hielt er sich gern auf, besonders nachdem er sich mit dem Vater wegen dessen zweiter Frau überworfen hatte.

Von 1678–88 wurde die alte wehrhafte Burg Köpenick durch den holländischen Baumeister Rütger von Lengeveld zu einem Schloß im Stile der französischen Renaissance umgebaut. Die Zeit der Burgen schien vorüber. Im Siebenjährigen Krieg plünderten die Russen das wehrlose Köpenick. Durch Aufschüttungen der unmittelbaren Umgebung des Schlosses entstand das Gelände für den Park. Um das Wasser brauchte sich niemand zu sorgen. Die Spree umspielt die Schloßhalbinsel und spendet freiwillig die Reize, die anderen Schloßanlagen erst mühselig hinzugefügt werden müssen.

Wendisch-Wusterhausen hatte mit ziemlicher Sicherheit eine slawische Befestigungsanlage. Die Lage des Ortes an der Mündung der Notte in die Dahme forderte dazu heraus. Die Askanier hatten hier einen militärischen Stützpunkt. Die Schlieben verwandelten die Burg in eine Räuberhöhle, von der aus sie die Straßen unsicher machten. Die Schenken zu Landsberg mußten nach ihrer Verschuldung den Hohenzollern weichen. Friedrich Wilhelm I. ließ das alte Gemäuer in ein Jagdschloß umbauen, so wie es heute noch zu sehen ist. Der Graben, der die Anlage umgab, wurde 1831, als die Cholera wütete, vorsichtshalber zugeschüttet. Lange genug hatte der Gestank des fauligen Wassers die Luft verpestet. Im Krieg gegen Napoleon wurde das Schloß geplündert und verwüstet, so daß von dem ursprünglichen Mobiliar fast nichts erhalten blieb. König Wilhelm I. nutzte das Schloß wieder bei Jagden. Der russische Zar schenkte ihm die Bronzefigur eines brünftigen Hirsches, die vor dem Schloß aufgestellt wurde und heute verschwunden ist.

Kurfürst Friedrich III., der Köpenick bewohnte und die Umgebung der Residenz Berlin mit Schlössern verzierte, schenkte seiner Gemahlin der geistvollen Sophie Charlotte, 1695 das Dörfchen Lietzow und ließ nahebei die Lietzenburg bauen, ein Schloß, das sich Versailles zum Vorbild nahm. Eosander von Göthe erweiterte den von Nering

Parkseite des Schlosses Königs Wusterhausen um 1820.

errichteten Bau. Hier umgab sich die Königin mit Künstlern und Philosophen; denn sie liebte Musik und Theater, aber auch Gespräche, z.B. mit Leibniz, der mehrmals zu Gast war. Zehn Jahre dauerte die Glanzzeit des Lietzenburger Schlosses. 1705 starb die Königin. Der Soldatenkönig behandelte alle Schlösser – Schloß Charlottenburg einbezogen – stiefmütterlich, außer seinem geliebten Königs Wusterhausen. Friedrich der Große wohnte kurze Zeit in Charlottenburg und ließ dort von Knobelsdorff einen Flügel anbauen. Später hielt er sich lieber in Sansssouci auf. Friedrich Wilhelm II. beauftragte Langhans, ein Schloßtheater zu bauen und das Belvedere in den Schloßpark zu setzen. Dort fanden die mystischen Versammlungen der Rosenkreuzer statt, jener geheimen Verbindung, die den König faszinierte. Gentz schuf 1810 das Mausoleum für die verstorbene Königin Luise, neben der ihr Gatte, Friedrich Wilhelm III., zur letzten Ruhe gebettet ist.

Friedrich Wilhelm IV. zog sich nach der 48er Revolution ins königstreue Charlottenburg zurück. Stüler baute für ihn die beiden Kasernen gegenüber dem Schloß. Kaiser Friedrich III. regierte von Charlottenburg aus wenige Wochen, bis er starb.

1943 wurde das Schloß durch Bomben stark beschädigt und ab 1950 wiederaufgebaut.

Von den Bauten des Mittelalters sind uns zahlreiche Dorfkirchen erhalten geblieben. Die ältesten, im romanischen Stil, finden sich nur in der nördlichen Hälfte des Kreises. Von Trebbin nach Luckenwalde zieht sich die östliche Grenze der romanischen Baukunst des Abendlandes, wenn man von einzelnen Bauten in Ungarn und Polen absieht.

Die ältesten Kirchen wurden aus Granitquadern errichtet, einem Baustoff, den die Eiszeit hinterlassen hatte. Dem quadratischen Chor ist die halbrunde Apsis angefügt. An der Westseite steht der kubische Glockenturm. Das Kirchenschiff wird von einer schlichten Balkendecke abgeschlossen. Darüber erhebt sich das hohe Satteldach. So ist auch der Turm geschützt. Nur wenige kleine Rundbogenfenster durchbrechen die Mauer, die notfalls Schutz gewähren soll. So zeigt sich uns die Kirche von Blankenfelde, nur durch den Putz und den Turm später verändert. Die Waltersdorfer Kirche wurde nach einigen entstellenden Veränderungen des 18. und 19. Jahrhunderts kurz vor dem Ersten Weltkrieg restauriert, so daß ihre ursprüngliche Gestalt wieder erkennbar ist. Die Schutzfunktion, die sie im Mittelalter hatte, ist deutlich sichtbar.

Ebenso gut erhalten war die mittelalterliche Kirche zu Heinersdorf, die leider in den letzten Jahrzehnten sinnlosem Vandalismus zum Opfer fiel. Nur noch ein Trümmerhaufen zeugt von ihr.

Niederländische Siedler brachten die Technik des Backsteinbaues in die Mark. Um 1300 wurden die halbrunden Fensterbögen von gotischen Spitzbögen verdrängt. So sind die schlichten Kirchen in Marienfelde, Dahlem und Lankwitz erbaut. Unbekannte Künstler verzierten das Innere der Kirche mit geschnitzten Holzfiguren, von denen die des kleinen Bischofs von Löwenbruch die künstlerisch bedeutendste ist. Sie entstand im 13. Jahrhundert. Vielleicht noch wertvoller ist der Altar der Mittenwalder Moritzkirche, ein Geschenk der Kurfürstin von Brandenburg aus dem Jahre 1514.

Nach dem Dreißigjährigen Krieg erstarkte die Macht der Gutsherrschaft. Die adligen Besitzer der Dörfer fühlten sich auch ihrer Kirche verpflichtet und bemühten sich um den Erhalt der Bausubstanz. Mancher Patronatsstuhl zeugt vom Geltungsbedürfnis des Dorfbesitzers, der sich von den Gläubigen auch äußerlich abheben wollte.

Im 18. Jahrhundert entstanden Kirchen u.a. für die Kolonisten, so in Schöneberg, Rixdorf und Nowawes.

Preußische Sparsamkeit und Geldmangel ließen in den ersten Jahrzehnten des 19. Jahrhunderts keinen Kirchenbau von künstlerischer Bedeutung entstehen. Stüler entwarf die Kirche von Neuendorf bei

Kirche Klein-Ziethen vom Südosten; während der DDR-Zeit abgebrochen.

Potsdam 1847 und setzte 1859 die fremdartig wirkende Kirche von Stolpe in die märkische Landschaft. Die Peter- und Pauls-Kirche an der Havel entstand im Auftrag Friedrich Wilhelm III. Stüler und der Architekt Albert Dietrich Schadow entwarfen den Bau 1837. Er entsprang einer Laune der Tochter des Königs, Charlotte Alexandra, Gattin des Zaren Nikolaus. Sie hatte sich bei einem Abendspaziergang auf der Pfaueninsel Glockengeläut von der gegenüberliegenden Seite des Flusses gewünscht.

Zu den bemerkenswerten jüngeren Türmen im Teltow zählen neben dem 1913 zur Erinnerung an die Schlacht von Großbeeren gebauten der Wasserturm von Königs Wusterhausen und der Kaiser-Wilhelm-Turm auf dem Karlsberg im Grunewald, den Franz Heinrich Schwechten 1897 zur Erinnerung an Wilhelm I., dessen Geburtstag sich zum 100. Male jährte, aufführte. Jedes Dorf feierte dieses Datum, und in zahllosen Orten wurden Denkmäler des Monarchen aufgestellt. Das Standbild des Königs in dem jetzt Grunewaldturm genannten Bauwerk schuf Ludwig Manzel.

Unter den Gutshäusern, die Jahrzehnte der Vernachlässigung überstanden, fällt das von Jean Simeon Coste in Groß-Machnow auf. Er soll das Gebäude 1815, nachdem er den Besitz mit dem alten Gutshaus erworben hatte, auf Wunsch seiner aus der Gegend von Marseille stammenden Frau nach dem Vorbild ihres Elternhauses erbaut haben. Coste war Heereslieferant im Krieg gegen Napoleon und wurde vom preußischen Staat wegen Geldmangels mit Grundbesitz bezahlt, der 1810 einen Wert von 170.000 Talern hatte.

Neben den Gebäuden zeugen bis heute Wappen, Siegel und Fahnen von alter Pracht und Herrlichkeit. Zwar werden diese nicht mehr so häufig gezeigt wie im Mittelalter, als das Cöllner Rathaus mit den Fahnen aller märkischen Mitglieder der Hanse geschmückt gewesen sein soll, aber zu festlichen Anlässen werden sie ab und an hervorgeholt.

Wappen wurden ursprünglich vom Landesherrn verliehen. Im Teltow gibt es hierüber keine Urkunde. Aller Wahrscheinlichkeit nach sind die heute bekannten Wappen der Städte im Laufe der Jahrhunderte verändert worden.

Als Stadtflagge zeigt Mittenwalde die Farben rot, weiß und grün, Teltow rot, weiß und rot, darüber den von Eichenlaub umkränzten brandenburgischen Adler, Teupitz weiß und blau, figürlich einen Fisch über Wellen, darüber ein Kreuz zwischen Blattrosetten, Trebbin schwarze und weiße Quadrate, Zossen weiß, grün und weiß.

Die Häuser des Adels zeigten Wappen und Fahnenschmuck, die der Bauern Giebelzeichen. Sie waren technisch bedingt, da die Giebelseiten der Strohdächer durch Dachlatten besonders gegen Sturm gesichert werden mußten. Der Schönheitssinn des Besitzers schmückte die kreuzförmig übereinandergreifenden Enden der Bretter aus, wobei uralte Überlieferung mitwirkte. Sie reicht häufig bis in die Germanenzeit zurück. Ursprünglich waren die Enden als Stier- und Pferdeköpfe ausgearbeitet. Sie wurden durch bildliche Ausformung der Bretter ersetzt. Der Stier war nicht nur den Germanen, sondern auch den Illyrern heilig, die in der Vorzeit in der südlichen Mark Brandenburg wohnten.

Das Pferd wurde von den Germanen verehrt. Es diente nicht als Arbeitstier. Tacitus berichtet, daß die Germanen Schimmel zu kultischen Zwecken hielten. Der oberste germanische Gott Wotan ritt als wilder Jäger durch die Lüfte. Bei allen Indogermanen gehört das Pferd dem Fruchtbarkeitsgott.

So wurden vor fünfzig Jahren im Teltow noch in fünfzehn Orten Pferdeköpfe als Giebelzeichen gefunden, in elf anderen Stierköpfe. Vielfach waren die Formen der Balkenkreuze nicht mehr erkennbar. Entweder zeigen die Köpfe der Tiere nach innen, was den Segen in das

Heinersdorf.

Haus hineinziehen, oder nach außen, was Unheil vom Hause abwenden soll.

Hauptsächlich im Osten des Kreises fanden sich früher auch senkrechte Giebelbretter, die in der Neumark weiter verbreitet waren. Sie zeigten Ornamente wie Stern, Kreis oder Blume und entstanden zu der Zeit, als der Giebel in abgeschrägter Form errichtet wurde. Die Abschrägung wurde nicht bis zur Spitze durchgehalten, sondern der oberste Teil senkrecht gelassen, um eine Öffnung für den abziehenden Rauch zu ermöglichen. Sie wurde Ulenloch genannt, weil Eulen oft dort hineinschlüpften. Als man später Schornsteine anbrachte, schloß man das Loch mit einem dreieckigen verzierten Brett.

Wie der Adlige sein Geschlecht durch das Wappen kennzeichnete, benutzte der Bauer aus vielen praktischen Gründen das Hauszeichen. Da er in der Regel nicht schreiben konnte, brauchte er zur Kennzeichnung seines Eigentums eine Marke, seien es Körbe, Kästen, Säcke oder Sensen, die bei der Arbeit im Dorf leicht durcheinandergeraten konnten.

Schon der leichteren Kerbung wegen mußten die Zeichen einfach sein. Natürlicherweise griff man auf das Kreuz zurück, das durch Längs- und Querstriche, schräge Striche, dachförmige und punktförmige Kerben erweitert wurde.

Diese Hauszeichen finden wir auch auf Urkunden bis ins 13. Jahrhundert. Sie wurden zur Abgrenzung von Landbesitz an Bäumen angebracht. Sie fehlten nicht an Torbalken und bezeichneten in der Mittenwalder St. Moritzkirche wahrscheinlich den Platz des jeweiligen Besitzers im Chorgestühl.

Nach dem Dreißigjährigen Krieg bildete sich in der Mark Brandenburg der Brauch, den Leichen unverheirateter junger Frauen und Männer vor ihrer Beerdigung das Haupt zu schmücken, den Frauen mit Totenkronen, den Jünglingen mit Kränzen. Die Kronen und Kränze bestanden aus künstlichem Laub und Papierblumen, die mit silbernen und roten Glaskügelchen durchflochten waren. Der untere Kreis wurde mit einem rot-goldenen Tuchstreifen benäht und mit Seidenbändern verschiedener Art behängt.

Ehe die Toten beerdigt wurden, nahm man den Kopfschmuck ab und befestigte ihn auf einem Brett, das, mit einem Spruch beschrieben, an der Wand aufgehängt wurde. Jeder, der dem Verstorbenen seine Ehre erweisen wollte, steckte ein buntes Seidenband an die Krone. Diese Totenbretter brachten Glanz und Farbe ins Kirchenschiff.

Auf dem Teltow blieb dieser Brauch am längsten in Groß-Kienitz erhalten. Einer der Sprüche auf einem Totenbrett lautete:

Löwenbruch, Bischofsfigur um 1250, Höhe 60 cm.

O wie wohl ist mir,
Weil ich ruhe hier!
Grämt Euch nicht,
Ihr, meine Lieben,
Daß ich bin von Euch geschieden,
Gott wird stillen Euer Weinen
Und wird Euch mit mir vereinen.

Auf einem anderen Brett hieß es schlicht:

Die Krone
haben die hiesigen Jungfern
zu Ehrn aufgesetzt für
Johan Christian Ludewig
Noack, des Weinmeisters Joh.
Friderich Noack aus Krummensee
ehelicher Sohn.

In der zweiten Hälfte des 19. Jahrhunderts fühlte sich dann die Kirche durch den Anblick der ungepflegten alten Kränze gestört und ließ sie beseitigen. Da man sich zunächst scheute, sie zu verbrennen, wurden sie auf dem Kirchhof vergraben oder auf Dachböden abgelegt, später jedoch gänzlich beseitigt.

Viele jahrhundertelang auf dem Lande gepflegte Bräuche sind mit der Veränderung der Lebensverhältnisse im 19. Jahrhundert untergegangen, beschleunigt in den Gebieten nahe der Großstadt. Früher durchzog ein Kreis von Festen das Jahr, die größtenteils auf vorchristliche Überlieferungen zurückgingen. Das begann mit dem Sternsingen zu Neujahr, setzte sich über Maskenumzüge zur Fastnacht fort und erreichte seinen ersten Höhepunkt im Frühjahr, wenn das Leben in den Dörfern aus der Winterstarre erwachte. Weit verbreitet war das Johannisfeuer am längsten Tage des Jahres. Nirgendwo fehlten die Erntebräuche, die mit dem Erntedankfest abschlossen. Der Winter begann mit dem Spinnen der Frauen in den Spinnstuben um Martini (11. November), um seinen Höhepunkt in den Umzügen der Vorweihnachtszeit zu finden. Zwischen Weihnachten und Neujahr geboten die zwölf heiligen oder Rauhnächte Arbeitsruhe und strenges Einhalten alter Bräuche, da sonst großes Unheil drohte.

In der Pfingstzeit, wenn die Rosen blühen, wurde im Teltow das Rosenbaumfest gefeiert. Zu seiner Vorbereitung fällte man im Herbst einen hohen, möglichst alten, geraden Baum und befreite ihn von Ästen und Rinde. Nachdem er den Winter über ausgetrocknet war, konnte er im Frühjahr als Mast hergerichtet werden. Mit Ausnahme des unteren Drittels wurde der Stamm in Abständen durchbohrt und mit Querhölzern versehen, die ein Erklimmen des Stammes ermöglichten. Wenige Tage vor dem Fest traf sich die Dorfjugend im Krug und stellte den Schmuck für den Baum her, Girlanden und eine Krone aus Blumen, Laub und Moos. Die Spitze des Baumes wurde mit einem Fähnchen oder einem hölzernen Kuckuck verziert. Sein Knarren im Winde bedeutete Glück für die Tänzer unter dem Baum.

Am Vorabend des Festes zog die Jugend durchs Dorf und sammelte kleine Geschenke ein, die an die Krone des Baumes gehängt wurden. Am nächsten Tag vereinte man sich zum Umzug, um, eine Blaskapelle an der Spitze, den Baum zum Festplatz zu bringen, wo er von kräftigen Burschen aufgerichtet wurde. Wer dabei geholfen hatte, durfte mit seinem Mädchen die erste Runde um den Baum tanzen und, wenn er mit Beifall bedacht worden war, ein Geschenk aus der Krone des Baumes holen.

Verbreiteter ist die Sitte, einen Maibaum aufzustellen. Er mußte in der Nacht vor dem 1. Mai, der Walpurgisnacht, vor den Hexen geschützt werden, die nach uralter Vorstellung zu dieser Zeit auf Besen durch die Lüfte zum Blocksberg ritten.

Zur Mittsommerzeit gab es im Teltow noch in diesem Jahrhundert den Brauch des Ringreitens. Am Vorabend versammelte sich die Dorfjugend auf einem bestimmten Hof, der von Jahr zu Jahr wechselte. Dort flocht man aus Stroh eine Mannsgestalt und aus Eichen- und Birkenlaub eine Krone. Um diese vor dem Schabernack des Nachbardorfes zu bewahren, schloß man sie in der Scheune ein. Gegen Mitternacht zog die Jugend mit dem Strohmann aufs Feld, wo die Figur an einer Stange aufgestellt wurde. Burschen und Mädchen spannten sich vor einen mitgebrachten Pflug und zogen im Dunkel schweigend drei Kreise um den aufgestellten Strohmann. Dann gingen sie auseinander. Am folgenden Nachmittag versammelten sich die Mädchen auf dem Hof, auf dem die Krone geflochten worden war, und zogen von dort unter Musikbegleitung zum Festplatz. Die Jungen waren dorthin schon vorangeritten. Die von den Mädchen mitgebrachte Krone wurde an einer Stange neben dem Strohmann aufgestellt. Die Jungen ritten nun in beliebigem Abstand ohne besondere Eile zwischen dem äußersten und dem mittelsten gepflügten Ring. Ein vertrauenswürdiger älterer Mann stellte sich mit einer Stange im innersten Kreis auf. Auf ein Zeichen eines Trompeters hin, der in einem nahen Gebüsch versteckt war, legte der Mann die Stange den Reitern in den Weg. Der Reiter, der in diesem Augenblick der Stange am nächsten war, hatte einen Preis gewonnen. Der wurde ihm von dem Mädchen, auf dessen elterlichem Hof die Krone geflochten worden war, überreicht. So ging es weiter, bis alle Preise verteilt waren. Anschließend erhielt jeder Bursche von seinem Mädchen eine Schleife. Die „leere“ Krone wurde später im Krug aufgestellt, wo das junge Volk abends tanzte. Am Ende flochten die Mädchen die Krone ab. Die Burschen holten um Mitternacht mit Musik den Strohmann vom Feld und trugen ihn in den Saal. Der Jüngste tanzte mit dem Strohmann, der anschließend zerrissen wurde.

Auch das Schimmelreiten in der Vorweihnachtszeit, manchmal am Heiligen Abend, war im Teltow verbreitet. Auf einem Schimmel ritt ein Mädchen in Gestalt des Heiligen Christ, begleitet von einem als Ruprecht in Felle gekleideten Burschen. Sie zogen unter Begleitung der Dorfjugend mit Musik von Hof zu Hof. Vor jedem hatten die Kinder einen Eimer mit Wasser und eine Krippe mit Heu aufgestellt, damit der Schimmel sich laben konnte. Der Heilige Christ ging mit Ruprecht ins Haus und verteilte Gaben an die Kinder, die Verse aufsagen mußten. Wo Wasser und Heu für den Schimmel vergessen worden waren, zog der Heilige Christ ohne anzuhalten weiter.

An die Dorfjugend, die den Zug begleitete, verteilten die Bauern Wurst und Speck, die man nach Beendigung des Umzugs gemeinschaftlich im Dorfkrug verzehrte.

Den Heiligen Christ vom Himmel zu blasen, war ein weiterer verbreiteter Brauch. Schäfer zogen in der Vorweihnachtszeit, auf Hörnern blasend und peitschenknallend, durch das Dorf, um die bösen Geister abzuwehren. Am ersten Weihnachtstage gingen sie dann von Hof zu Hof, wünschten eine gesegnete Weihnacht und erhielten Gaben. Oft wurden sie von den Kindern des Dorfes begleitet, die in Körben Pfefferkuchen sammelten.

Welcher Ort, welche Landschaft in Deutschland beriefe sich nicht auf den Dichterfürsten Goethe? Der Teltow kann es dank seiner Rübchen, die dem Weimarer von seinem Freunde Zelter regelmäßig aus Berlin geschickt wurden. 1813 verspätete sich die Sendung jedoch bis in den Dezember, da just in dem Anbaugebiet der Rübchen die Schlacht von Großbeeren getobt und den Anbau verzögert hatte. Die Ernte fiel dementsprechend in den November und mag nicht die besten Ergebnisse gezeitigt haben. Am 16. November schrieb Zelter daher an Goethe:

„Wenn die Teltower Rübchen, welche heute abgehen sollen und vom Frost verschont bleiben, dieses Jahr weniger gut sein sollten als sonst, so rühmen sie sich dagegen des Preises, wodurch die Ebenen von Großbeeren in der Geschichte glänzen, und ich wünsche, daß sie

Dich, mein Geliebter, kapabel finden mögen, sie mit Appetit zu genießen."

Was fraglich war, wenn man bedenkt, wieviele Opfer ihr Blut in den Teltower Boden vergossen hatten. Vielleicht hatte Goethe den gleichen Gedanken; denn er schrieb am 29. Dezember 1813 an Zelter, daß die Rübchen wohlbehalten eingetroffen seien. Sie hätten wegen ihrer geringen Größe den Köchinnen Mühe beim Putzen bereitet, den Gästen aber um so besser geschmeckt, was nicht ausschließt, daß Goethe selbst sich beim Essen zurückhielt.

Die Teltower Rübchen, die selbst im Ausland, bis nach Frankreich und Portugal, als Delikatesse geschätzt wurden, wurden vor 200 Jahren zum ersten Male erwähnt. Sie sollen eben deshalb so vorzüglich schmecken, weil sie im sandigen Boden der Mark wachsen. Dadurch erreichen sie nur eine geringe Größe. Werden sie auf fetterem Boden gepflanzt, sind ihre Ausmaße zwar größer, aber der Geschmack leidet darunter. Hoch und niedrig, die preußischen Könige, ja selbst Napoleon, sollen sie genossen haben.

Auf dem Teltow war mancher Dichter und Schriftsteller heimisch. Bartholomäus Krüger (geb. um 1540 in Sperenberg) war 1580–1597 Stadtschreiber von Trebbin und Organist und schrieb geistliche und weltliche Dramen. Als sein wichtigstes Werk können „Hans Clauerts Werckliche Historien" von 1587 gelten. Hans Clauert wurde um 1510 in Trebbin geboren und kam in Zerbst in die Schlosserlehre. Nach seinen Wanderjahren ließ er sich in Trebbin nieder und heiratete. Er wurde Viehhändler und kam viel in der Mark und in Mecklenburg umher. So erlebte er manchen Schwank und ging selbst als Teltowscher Eulenspiegel in das Gedächtnis des Volkes ein. 1566 starb er an der Pest.

Magister Christian Rose (1609–1671) war Sohn eines Predigers in Mittenwalde, wurde Schüler des Grauen Klosters und beschäftigte sich mit griechischen Dramen. Gefördert durch den befreundeten Schauspieler Lemm, studierte er in Berlin und Leipzig Philosophie, habilitierte in Berlin und wurde Gymnasialprofessor in Bromberg, wo er „Abhandlungen zur Philosophie der Kunst" und „Die Kunst der dramatischen Darstellung", eine erste wissenschaftliche Darstellung der Schauspielkunst, schrieb. Er kam nach Berlin, wo ihm der Minister Eichhorn die Planung zur Errichtung eines staatlichen Institutes für die Ausbildung dramatischer Künstler übertrug. Die Achtundvierziger Revolution verhinderte die Verwirklichung dieser Idee. Rötscher schrieb als Theaterkritiker für die Spenersche Zeitung und verfaßte viele weitere Werke, über Shakespeare, wissenschaftliche Theaterkritik und die philosophischen Grundlagen der dramatischen Kunst.

Helene von Hülsen (1829–92) wurde in Blankenfelde als Tochter des Grafen Eduard von Haeseler geboren und 1846 bei Hofe eingeführt. Sie heiratete 1849 den Gardeoffizier Botho von Hülsen, später Generalintendant der Königlichen Theater in Berlin. Unter dem Pseudonym Helene veröffentlichte die Lyrikerin Heimatdichtungen, Romane und Novellen.

Wilhelm Lackowitz (1837–1916) war Sohn eines Trebbiner Stadtpfeifers. Er besuchte das Berliner Lehrerseminar und wurde Musiklehrer. 1877–97 leitete er die „Deutsche Musikerzeitung". Er schrieb Opern- und Operettenführer, aber auch die „Flora von Berlin und der Provinz Brandenburg".

Hermann Jahn (1847–1905) war Sohn eines Mittenwalder Rechtsanwaltes, besuchte das Gymnasium in Spandau und studierte in Berlin, um Gymnasiallehrer zu werden. Er nahm als Student am Kriege 1870/71 teil, kehrte als Reserveoffizier zurück und wurde Rektor in Eilenburg, später in Seesen und Braunschweig. Dort arbeitete er nebenamtlich als Redakteur der „Braunschweigischen Landwehrzeitung" und schrieb u. a. „Erinnerungsblätter aus eiserner Zeit".

Friedrich Janke aus Kleinbeeren (1846–1915) besuchte das Lehrerseminar Oranienburg und wurde Lehrer in Brüssow, später in Potsdam, wo er zum Rektor einer Volksschule aufstieg. Er schrieb als Novellist, Epiker und Lyriker, u. a. „Franz Reinhardt, ein Sang aus Schule und Leben".

Hubert Müller (geb. 1859 in Bohnsdorf) war Sohn eines Gutsbesitzers, besuchte das Lehrerseminar in Oranienburg und wurde Lehrer in Bornstedt bei Magdeburg. 1882 wanderte er nach Amerika aus, schrieb dort die „Lieder eines ausgewanderten Kurmärkers", kehrte nach Deutschland zurück und wurde Eisenbahnbeamter.

Traugott Todt (geb. 1866 in Zossen) war Sohn eines Predigers. Er besuchte das Gymnasium in Wittstock und Stendal, studierte in Berlin und Greifswald Theologie und wurde Pfarrer in Barrenthin (Prignitz). Er schrieb Biographien, u. a. „Paul Gerhardt, der Liederfürst".

Emil von Steinmeyer (1848–1922) aus Nowawes war Sohn eines Geistlichen. Er studierte in Berlin, arbeitete im Geheimen Staatsarchiv, wurde 1873 Professor der Germanistik in Straßburg und ging 1877 nach Erlangen, wo er die „Zeitschrift für deutsches Altertum" redigierte. Ab 1903 gab er „Altdeutsche Studien" heraus. Sein wichtigstes Werk ist „Über einige Epitheta der mittelhochdeutschen Poesie“. Er arbeitete mit an der „Monumenta Germaniae historica“ und hatte großen Erfolg als Literaturwissenschaftler und Familienforscher.

Andere berühmte Teltower waren:

Albert Kiekebusch (geboren 1870 in Waßmannsdorf/Kr. Teltow, gestorben 1935 in Berlin), ursprünglich Volksschullehrer, promovierte später und wurde 1922 Abteilungsleiter des Märkischen Museums. 1910–1914 leitete Kiekebusch die Freilegung des bronzezeitlichen Dorfes Buch. Forschungen in der Vorgeschichte und der Heimatkunde machten ihn populär.

Auch auf dem Teltow geboren (1794 in Trebbin) wurde einer der besten Zeichner und Porträtmaler des 19. Jahrhunderts in Preußen, Wilhelm Hensel. Verheiratet war er mit Fanny Mendelssohn-Bartholdy, der Schwester des berühmten Komponisten.

Hensels eigene Schwester Luise bleibt durch ihr Gedicht „Müde bin ich, geh zur Ruh“ der Nachwelt in Erinnerung, sie kam 1797 in Linum zur Welt, da der Vater dort eine neue Pfarrstelle angetreten hatte.

Weitere Persönlichkeiten, die auf dem Teltow wohnten, sind die beiden Architekten Bruno Taut (Dahlewitz) und Egon Eiermann (Neuendorf bei Potsdam); der eine hat u. a. die Hufeisensiedlung in Britz geplant, der andere die Neue Gedächtniskirche in Berlin.

Mit Paul Zech (Bestensee) und Heinrich Alexander Stoll (Thyrow) finden wir in unserem Gebiet zwei Schriftsteller, wobei der letztere als gebürtiger Mecklenburger sich u. a. zweier seiner Landsleute annahm; Er schrieb jeweils eine Biographie über den Dichter Johann Heinrich Voß und den Archäologen Heinrich Schliemann.

Namhafte Personen wie der Verleger Rudolf Mosse (Schenkendorf), die Generäle Tauentzien (Klein Kienitz) und Roon (Gütergotz), der Bankier Bleichröder (Gütergotz), die Frauenrechtlerin und Schriftstellerin Lily Braun (Kleinmachnow) und der Politiker Kurt v. Schleicher, der nur stellvertretend für die Neubabelsberger hier stehen soll, hatten auf dem Teltow ihre Heimstatt.

Nicht nur auf dem Barnim, sondern auch im Teltow gab es Schiffergilden, so in Neuzittau. Der Ursprung der märkischen Gilde geht bis ins Mittelalter zurück. Sie stiftete der Nikolaikirche zu Berlin um 1344 einen Altar. 1716 wurde der Zusammenschluß aller kurmärkischen Schiffergilden angeordnet.

1873 gründeten die Senziger Schiffer einen Verein, der von einem Altmeister und einem Altgesellen angeführt wurde. Schiffsbaumeister Albrecht baute ein Kahnmodell, das zusammen mit der Vereinsfahne auf dem ersten Stiftungsfest im Januar 1874 eingeweiht wurde. Auf dem jährlichen Umzug anläßlich dieses Festes trugen zwei ausgewählte Schifferjungen Modell und Fahne. Weil die Schiffer von Berufs wegen so wenig Zeit hatten, feierten sie nur einmal im Jahr, dann aber gleich drei Tage lang. Die jungen Damen, die auf dem Fest erschienen, erhielten jede ein Seidenband mit der Jahreszahl.

Die Schiffer hatten auch eine Vereinssatzung und eine Kasse, die neben den Dokumenten in einer Lade verwahrt wurde. Zur Unterstützung der Schiffer bei Krankheit und der Witwen und Waisen gab es eine Unterstützungskasse, die sich aus den Beiträgen der Vereinsmitglieder speiste.

Die Schifferinnung von Mittenwalde wurde 1889 gegründet. Zu ihrem Bereich gehörten Gallun, Motzen, Kleinbesten, Gräbendorf, Groß-Köris, Königs Wusterhausen, Senzig, Pätz, Zernsdorf, Zeuthen und Schmöckwitz, sowie einige Orte aus dem Kreise Beeskow-Storkow. Die Innung hielt wie andere Innungen Meister-, Schiffer- und Steuermannsprüfungen ab, fertigte Zeugnisse aus, schlichtete Streitfälle und kümmerte sich um die Interessen des Schiffergewerbes. Mitglied der Innung konnten nur Meister werden. Kapitäne und Steuerleute galten als solche.

Die enge Zusammenarbeit der Schiffer erklärt sich aus ihrer Gewohnheit, fast das ganze Jahr über mit den Kähnen auf Fahrt zu sein und sich nur im Winter, wenn Eisgang das Fahren verhinderte, am eigentlichen Wohnort einzufinden. In dieser Zeit, meist ab Weihnachten, mußten sämtliche Rechtsgeschäfte getätigt und Schreibarbeiten erledigt werden. Außerdem gab es ein großes Erzählen und Planen für das nächste Jahr.

Die Neuzittauer Schiffergilde bestand schon seit 1806, pflanzte damals eine Eiche an der Kirche und stiftete ein Kahnmodell für die Kirche. Die Gilde widmete sich besonders der sozialen Fürsorge ihrer Mitglieder und wandelte sich 1889 in eine Innung um.

Weit über den Einfluß der Teltower Persönlichkeiten hinaus reichte die Wirkung der Traumfabrik Ufa, die im nordwestlichsten Teil des Teltow zu Hause war.

Die Ufa – im Dezember 1917 als Universal-Film Aktiengesellschaft gegründet, war Deutschlands bedeutendste Filmgesellschaft und wurde zum Inbegriff des deutschen Films, nachdem der Erste Generalquartiermeister beim Chef des Generalstabes des Feldheeres, Erich Ludendorff, einen Zusammenschluß zwischen der Nordischen Filmgesellschaft (Nordisk), dem Meester-Konzern und dem Union-Konzern angeregt hatte. Dahinter standen gegen Ende des Ersten Weltkrieges Interessen von Politik, Industrie und Bankwesen. Schon im

Januar 1917 wurde auf Betreiben der Obersten Heeresleitung (OHL) das Bild- und Filmamt (Bufa) mit dem Ziel gegründet, Kriegspropaganda zu betreiben und der Kriegsmüdigkeit entgegenzuwirken. Um den Einfluß der Reichsregierung nicht sichtbar werden zu lassen, sollten Propagandafilme mittels verdeckt gezahlter Staatsgelder von einer scheinbar privaten Firma hergestellt werden.

Die Produktionsstätten der Ufa-Filme waren in den ersten Jahren vor allem die Glasateliers in Tempelhof (ehemals Meester- bzw. Union-Konzern).

Das Jahr 1921 wurde für die Ufa zu einem wichtigen Jahr, denn die Reichsregierung trat ihre Anteile an die Deutsche Bank ab, und diese beschloß eine Fusion mit dem größten Konkurrenten, der Decla-Bioscop. Damit kamen Regisseure wie Lang und Murnau, gute Kameraleute, Architekten und Stars wie Lil Dagover und Werner Krauss zur Ufa. Im darauffolgenden Jahr konnten die Neubabelsberger Bioscop-Ateliers übernommen werden, während der erfolgreiche Regisseur Ernst Lubitsch Deutschland in Richtung Hollywood verließ. Lubitsch hatte das Genre der Historienfilme entscheidend beeinflußt, u.a. mit seinem ersten internationalen Erfolg „Carmen“ 1918.

Filmkulissen auf dem Teltow mit Schnee- und Heidelandschaften, Felsklippen bzw. einem Platz in Petersburg mit Peter-Pauls-Kathedrale waren damals nichts Besonderes, da durch die Ereignisse des Ersten Weltkrieges weite Filmreisen kaum möglich waren.

So drehte man die Kongo-Szenen des Films „Das Geschlecht der Schelme“ von Zobeltitz an einem märkischen See mit 50 Farbigen aus dem Gefangenenlager Wünsdorf. Agaven und Kakteen grub man vorher in den märkischen Sand.

Für Karl-May-Filme wurde in den Rüdersdorfer Kalkalpen gedreht; sie stellten die Rocky Mountains bzw. das Panorama von Colorado Springs dar.

Gerhart Hauptmanns „Rose Bernd“ wurde mit Henny Porten und Emil Jannings bei Stolpe am Kleinen Wannsee verfilmt und nicht in Schlesien; Regisseur Halm wohnte in Wannsee.

Auch ein ungarischer Zigeunerfilm mit Mady Christians entstand in der Wald-, Wiesen- und Seenlandschaft hinter Halms Haus, ebenso Storms „Chronik von Grieshuus“ mit den überzeugenden Heideaufnahmen. Heidschnucken aus der Lüneburger Heide wurden nach Babelsberg gebracht, um so kostspielige Reisen nach Norddeutschland zu sparen. Die Heideburg der Junker von Grieshuus entstand nach Entwürfen des Architekten Hans Poelzig in Babelsberg, ebenso die Heidekirche und der Taubenschlag des Rentmeisters, der auch im Aschenbrödelfilm Verwendung fand.

Poelzig hatte auch in Tempelhof das alte Prag als Golemstadt aufgebaut, hier entstand das Sevilla für „Carmen", aus dem dann das Paris der Dubarry wurde. Die rassigen Spanierinnen aus Rixdorf und Berlin verwandelten sich in vornehme Rokokodamen des Hofes Ludwig XIV. Mit „Madame Dubary" (Regie Ernst Lubitsch) erreichte die Ufa ein Millionenpublikum und machte mit diesem Film erstmals erfolgreiche Geschäfte mit Amerika; für 40.000 Dollar wurde er in die USA verkauft. Mit diesem Film eröffnete man am 18. 9. 1919 Berlins größtes Kino, den Ufa-Palast am Zoo mit über 1.000 Plätzen.

1920 hatte Lubitsch in den Steglitzer Rauhen Bergen (heute Munsterdamm nahe Insulanerbad) den Film „Das Weib des Pharao" mit Henny Porten und Emil Jannings gedreht; der Aufbau der ägyptischen Stadt mit der Sphinx hatte eine Höhe bis zu 70 Metern!

Auf dem Babelsberger Gelände schuf Fritz Lang 1924 den Nibelungenfilm. Eine große Zahl von Scheinwerfern belichtete die Szene und warf die ersten Sonnenstrahlen in den erwachenden Wald. Die Bäume waren aus Holz und Zement gefertigt, die Tannenzweige aus dem Schwarzwald hingen an Holzlatten in das Bild hinein. Für den Film „Die Brüder Schellenberg" brauchte man nicht in Paris zu drehen, da Modelle im Maßstab 1:100 hergestellt wurden, in die mit einem speziellen Spiegelverfahren die Szenen täuschend echt hineinprojiziert werden konnten.

Dies alles waren Stummfilme. Mit „Fridericus Rex" wurde 1922 Otto Gebühr bekannt, weitere Erfolge gab es mit Fritz Langs „Nibelungen" und mit „Der letzte Mann" unter der Regie von Friedrich Wilhelm Murnau.

Langs teurer Stummfilm „Metropolis" brachte die Ufa durch seinen Mißerfolg in große finanzielle Schwierigkeiten, man stand vor dem Konkurs. In dieser Situation übernahm der rechtsgerichtete Pressegigant Alfred Hugenberg im März 1927 die Ufa, sein Vertrauter Ludwig Klitzsch wurde Bevollmächtigter des Aufsichtsrates. Der Filmproduzent Erich Pommer kehrte aus Amerika zurück, und es entstand mit „Asphalt" der letzte große Ufa-Stummfilm (Uraufführung am 12. 3. 1929). Die Glaspaläste verschwanden, die massiven Ateliers für den Tonfilm entstanden. Am 29. 9. 1929 wurde in Neubabelsberg mit dem „Tonkreuz" das modernste Tonatelier Europas fertiggestellt.

Die Umstellung zum Tonfilm war mit großen Schwierigkeiten verbunden, was vor allem Schauspieler und Produktionsweise betraf.

Den „Durchbruch" für den Tonfilm brachte 1930 „Der blaue Engel“ mit Marlene Dietrich unter der Regie des Hollywood-Regisseurs Josef von Sternheim, der den aufsteigenden Star gleich mit nach Amerika nahm. Weil dieser Film überhaupt nicht auf der deutsch-nationalen Linie (Vorlage war Heinrich Manns „Professor Unrat“) lag, wurde er von den Rechtsparteien stark kritisiert.

Als 1933 die Nationalsozialisten an die Macht kamen, mußten wichtige Ufa-Leute wie Lang, Pommer und Thiele emigrieren, die jüdischen Mitarbeiter wurden entlassen. Die Reichsfilmkammer wurde gegründet.

Es sollten jedoch nicht ausschließlich propagandistische Filme produziert werden, Hitlers Medienspezialist Goebbels entschied sich – vordergründig – für die unpolitische Unterhaltung.

Am 18. März 1937 wurde die Ufa verstaatlicht und im Januar 1942 zur Ufa-Film GmbH mit anderen Filmgesellschaften zusammengefaßt. Für eine dieser Gesellschaften, die Terra, arbeiteten der Regisseur Robert Stemmle und sein Regieassistent Boleslaw Barlog, der während des Krieges acht Filme in eigener Regie drehte.

Viele Beschäftigte der Ufa blieben vom direkten Kriegsgeschehen an der Front verschont, dafür nahmen sie auch belanglose Filmthemen in Kauf.

In der DDR-Zeit liefen die Produktionen unter der Defa weiter mit zum Teil beachtlichen Erfolgen.

Nach der Wende dauerte es lange, bis die Treuhandanstalt sich für einen Käufer entschied.

Möge es Volker Schlöndorff und seinen Mitstreitern gelingen, aus der Filmstadt Babelsberg wieder eine Vorzeigeadresse zu machen.

Drewitz, Dreilinden und Osdorf

Auf der Suche nach Gemeinsamkeiten dieser drei Teltow-Orte stößt man unweigerlich auf einen Teil der Geschichte der DDR, einen eher traurigen, nämlich den der Grenze zwischen DDR und West-Berlin.

Mit Drewitz und Dreilinden verbindet sich in erster Linie der Begriff des Kontrollpunktes, wobei Dreilinden der östliche, zu West-Berlin gehörende Teil und Drewitz der westliche, der DDR-Teil, gewesen ist.

Diese Grenzanlagen sind seit 1990 überflüssig geworden, harren jedoch noch immer der Dinge, die da kommen sollen. Es sind nur noch Ruinen am Berliner Stadtrand, die verlassen daliegen. Das Gelände ist übersät mit Abfällen aller Art; Fenster und Türen der Wach- und Abfertigungsgebäude sind zerschlagen – und nach einem Brand stark beschädigt.

Der Kontrollpunkt Drewitz wurde 1969 angelegt, da die DDR die bisherige West-Berliner Kontrollstelle Dreilinden an der Teltowkanalbrücke in Albrechts-Teerofen (Bezirk Zehlendorf) umgehen wollte. Denn um sie zu erreichen, fuhren alle Fahrzeuge unkontrolliert ein Stück Autobahn in der DDR. Das konnte diese auf Dauer nicht hinnehmen. Somit war eine neue Autobahntrasse und eine neue Grenzübergangsstelle vor Befahren der DDR auf west-berliner Gebiet nötig, Sie ist inzwischen unter Denkmalschutz gestellt.

Aus der ausgedienten Kontrollstelle an der Kanalbrücke wurde ein Campingplatz. Die alte Autobahntrasse zwischen Königsweg und Teerofendamm nahe der Kolonie Dreilinden, die teilweise parallel zur Stammbahn (erste Bahnverbindung Berlin-Potsdam 1838) verläuft, blieb bis heute unangetastet! 1991 wurde auf ihr der Film „Der Stau" gedreht, weil es problemloser war, ein altes Autobahnstück zu reaktivieren, als eine Autobahn für Filmaufnahmen eine Zeit lang zu sperren.

Dem Bau der neuen Trasse mußte 1969 ein großes Waldstück des Kleinmachnower Forstes weichen; der Stahnsdorfer Damm zwischen Wannsee und Kleinmachnow wurde nach dem Mauerbau im August 1961 an einer weiteren Stelle zerschnitten und auf den Stolper Weg umgeleitet. Die Trasse der Stahnsdorfer Friedhofsbahn zerstörte man unweit der S-Bahn-Brücke über den Teltowkanal, ein Zipfel des Stahnsdorfer Friedhofes mußte für den neuen Autobahnteil abgetrennt werden.

Das Gelände des ehemaligen Kontrollpunktes Drewitz ist durch

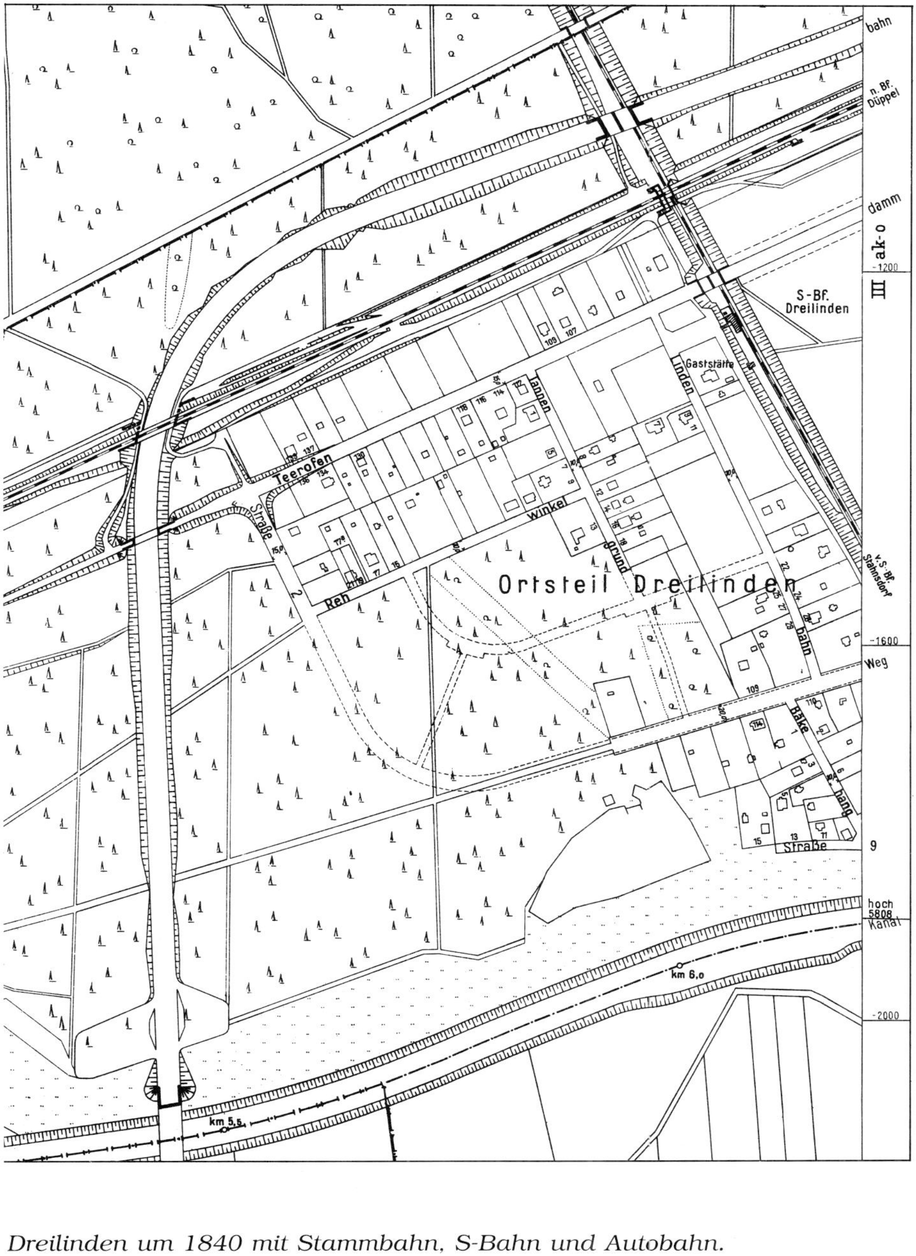

Dreilinden um 1840 mit Stammbahn, S-Bahn und Autobahn.

die zuständige Gemeinde Kleinmachnow bereits als Gewerbegebiet ausgewiesen worden, vorgesehen ist ein Technologiepark, wobei 4.000 Arbeitsplätze geschaffen werden sollen!

Drewitz, nach dem die Kontrollstelle benannt ist, liegt als Dorf ein Stück entfernt. Aber 1969 standen die Abfertigungsbaracken der DDR-Zöllner unweit der Autobahnabfahrt Babelsberg, also unweit von Drewitz.

Dieses Dorf, in der Nutheniederung gelegen, ist einer der am frühesten genannten Orte im Teltow und gehört seit 1939 zur Stadt Potsdam. An der Nuthe hat es hier einst eine Burg Drewitz gegeben, der Begriff „Burgfischerei" ist heute noch gebräuchlich. Weniger bekannt ist die Tatsache, daß der Ort von 1674 bis 1688 Standort einer Glashütte war, deren Grundmauern noch bis 1864 gestanden haben sollen. Kunkels Eintritt in die Drewitzer Glashütte bedeutete 1678 einen Wendepunkt in der Geschichte der „Potsdamer Glashütte" Drewitz und der deutschen Glasfabrikation. Es war zwar keine Rede vom Goldmachen, dafür wurden farbige Glasperlen und bunte Glassteine für den Kurfürsten Friedrich Wilhelm hergestellt.

1679 ließ der Große Kurfürst unter Kunkels Leitung am Hakendamm in Neuendorf direkt an der Nuthe eine neue Glashütte errichten; hier wurde erstmals das Rubinglas hergestellt.

1685 bat dann Kunkel um einen abgelegeneren Ort, und er konnte von nun an seine Versuche auf der Pfaueninsel (damals Kaninchenwerder) weiterführen.

Neben der Glashütte ist der Keller im „Alten Hoff" am Nuthedamm in Drewitz von besonderem Interesse. 1472, als die Neue Burg schon nicht mehr stand, ließ Cuno v. Thümen einen Wohnhof mit noch vorhandenen Kreuzgewölben im Keller errichten, sicher die ältesten im Potsdamer Stadtgebiet.

Im Ortskern steht die Dorfkirche, ein quadratischer Zentralbau, der 1732 auf Kosten des sparsamen Friedrich Wilhelm I. errichtet wurde; die Potsdamer Garnisonkirche soll Vorbild gewesen sein.

Vor 1732 mußten die Drewitzer den Weg zur Gütergotzer Kirche auf sich nehmen; noch heute ist der Name Priesterweg geläufig, leider durch die Trasse der Autobahn zerschnitten.

Dieser Autobahnabschnitt hat auch die Entwicklung von Dreilinden beeinflußt. Seit 1833 existiert die Bezeichnung Dreilinden für ein Forsthaus, das vorher Heidekrug genannt wurde und in der Heinersdorfer Heide (heute ein Teil des Düppeler Forstes) zu finden war. Dieses Waldstück des Teltows gehörte der Familie v. Hake, die eine Zeit lang auch

Kirche in Drewitz.

im Besitz des Rittergutes Heinersdorf gewesen ist, östlich der Stadt Teltow gelegen.

Drei alte Linden vor der Tür des Heidekruges waren 1833 der Grund, dem Forsthaus den Namen „Dreilinden“ zu geben.

1859 kaufte Prinz Friedrich Karl für 95.000 Taler das Gelände der Heinersdorfer Heide, das zuvor im Besitz des Salz- und Schiffahrtdirektors Bensch und des Likörfabrikanten Gilka war. Hinzu kam der Besitz des Zehlendorfer Bauerngutes Pasewald.

Friedrich Karl war ein Sohn des Prinzen Carl und der Prinzessin Marie und damit ein Enkel Friedrich Wilhelm III. und der Königin Luise.

1865 wurde Friedrich Karl auf Antrag der Teltower Kreisstände durch König Wilhelm Besitzer des neugegründeten Rittergutes Düppel in Anerkennung seiner Verdienste nach dem Krieg gegen Dänemark 1864.

Der westliche Teil des Gutes wurde seit 1859 als Forst von Dreilinden bezeichnet.

1869 ließ Friedrich Karl hier ein kleines Jagdschloß bauen, dem er den Namen Dreilinden gab. Am Hause war der Spruch zu lesen: „Klein, aber mein“. Fontane berichtet über das Jagdschloß Dreilinden ausführlich im fünften Band seiner Wanderungen „Fünf Schlösser“.

1909 kam es zu einer weiteren Namensgebung dieser Art, der Terraingesellschaft „Kolonie Dreilinden GmbH“, die mit der Familie v. Hake aus Kleinmachnow am 30. 10. 1909 einen Kaufvertrag abschloß und damit Besitzer eines Teiles der Kleinmachnower Forstes zwischen dem 1906 fertiggestellten Teltowkanal und dem Königlichen Forst wurde Die Fläche betrug 128 ha, der Kaufpreis 700.000 Mark.

Geplant war eine Landhaussiedlung Dreilinden in Dreiecksform zwischen der Stammbahn im Nordwesten, dem Teltowkanal im Süden und dem Stahnsdorfer Damm bis zur Machnower Schleuse im Nordosten. Die Anlage einer solchen Kolonie wurde vor allem dadurch begünstigt, daß im Juni 1913 von Wannsee aus eine S-Bahn-Trasse zum neuen Stahnsdorfer Friedhof fertiggestellt wurde (die sogenannte „Friedhofsbahn“) mit einem Haltepunkt „Bahnhof Dreilinden“. Den Stahnsdorfer Bereich finanzierte die Berliner Stadtsynode, den Dreilindener die Terraingesellschaft. Die Werbung für das Projekt Dreilinden lautete im Mai 1914:

„Landhaussiedlung am Bahnhof Dreilinden.

Baureife Waldgrundstücke in jeder Größe an fertigen Straßen, Gas, elektrisches Licht, Wasser und Kanalisation vorhanden, Verbindung mit Berlin durch Stadt- und Wannseebahn sowie durch elektrische

Bahn von Schleuse Klein Machnow über Teltow und Groß Lichterfelde, keine Kommunalabgaben."

Vor dem Ersten Weltkrieg wurde außer dem Bahnhof nur ein Eisenbahnerhaus und ein Ausflugslokal gebaut, der Krieg ließ weitere Vorhaben ruhen.

1921/22 konnten Grundstücke verkauft werden, dann stoppte die Inflation die weiteren Bemühungen; erst 1926 entstanden erste Holzhäuser, von denen heute noch einige stehen, 1933 wurden die ersten festen Häuser gebaut.

1933/34 bekam die Kolonie Dreilinden Elektrizität und Gas und eine Dampferanlegestelle am Kanal, 1935 eine Zufahrtstraße mit Brükke über die Gleise (Teerofendamm) und 1937 eine Wasserleitung und Straßennamen (Bäkehang, Forstweg, Lindenbahn, Rehwinkel, Römerbrücke, Tannengrund).

Ein Plan vom April 1936 ließ erkennen, daß die Siedlung Dreilinden damals zur Gemarkung Kleinmachnow im Kreis Teltow gehörte, mit der Gemeindeverwaltung in Kleinmachnow; Amtsbezirk war Stahnsdorf und Postbezirk Wannsee!

1937 war an eine Umsteigemöglichkeit auf die Stammbahn gedacht worden, doch deren Betrieb wurde selbst bald eingestellt.

Der Bau der Autobahn in unmittelbarer Nähe beendete 1938 die Waldidylle Dreilinden. Die Trasse führte nördlich und westlich am Ort vorbei, ohne Rücksichtnahme auf die Planungen der Terraingesellschaft bzw. der 1923 gegründeten Siedlervereinigung Dreilinden e.V.

Die weitere Entwicklung wurde durch den Zweiten Weltkrieg unterbrochen, die Einwohnerzahl von ca. 350 stagnierte. Die Bebauung begrenzten Autobahn und S-Bahn, so daß der gesamte östliche Bereich unbesiedelt blieb. Nach 1945 wurde die Kolonie mit Kleinmachnow Teil der DDR, direkt an der Berliner Stadtgrenze.

Nach 1952 durften West-Berliner nicht mehr ohne Genehmigung nach Dreilinden, und im August 1961 wurde der Ort gänzlich abgeriegelt und zum Grenz- bzw. Sperrgebiet erklärt. Ein Ghetto zwischen Autobahn und Teltowkanal, mit einem einzigen Zugang von Kleinmachnow aus, der nur mit Sondergenehmigung benutzt werden konnte, auch sonstige DDR-Bürger hatten keinen Zutritt zum Ort! Die Bahnverbindung nach Wannsee wurde eingestellt. Man gehörte postalisch zu Wannsee, die Kinder besuchten vor dem Mauerbau dort teilweise die Dreilinden-Grundschule in der Dreilindenstraße, der Kontakt nach Berlin war ausschließlich über Wannsee ausgerichtet. Schlagartig brachen 1961 alle diese Verbindungen ab; die Schüler wurden nach Kleinmachnow umgeschult.

Schüsse auf dem nahen amerikanischen Schießplatz „Rose Range“ galten als Bedrohung des Feindes.

Als weitere Barriere kam dann 1969 der neue Kontrollpunkt Drewitz hinzu, der in seiner neuen Eigenschaft hoffentlich nicht zusätzlicher Hemmschuh in der Entwicklung der Kolonie Dreilinden sein wird.

Ebenfalls nicht gerade vom Schicksal begünstigt ist die Entwicklung des Dorfes Osdorf an der Berliner Stadtgrenze zu Lichterfelde; denn es mußte seit August 1961 das Dasein einer Ansiedlung im Grenzgebiet fristen. Kurioserweise gehört Osdorf zu den wenigen Orten, die in ihrer Geschichte zweimal wüst geworden sind, nach 1375 und 1972!

Auf der wüsten Feldmark wurde nach dem Dreißigjährigen Krieg ein Rittergut errichtet, um 1750 war der Bau einer Kolonie geplant, die jedoch nicht zustande kam, 1880 kam es mit dem Zusammenschluß von Osdorf und Friederikenhof zum selbständigen Gutsbezirk Osdorf als Rieselgut der Stadt Berlin, ein Jahr später gelangte noch Heinersdorf hinzu.

Interessanterweise ist im Landbuch Kaiser Karl IV. von 1375 in Osdorf ein Pfarrer und später eine Kirche erwähnt, von der jedoch nichts Näheres bekannt ist. Möglicherweise hat die Osdorfer Kirche südöstlich vom Gutshof gestanden, dort, wo noch heute die Reste der Leichenhalle zu erkennen sind.

Nach dem Dreißigjährigen Krieg mußten die Bewohner Osdorfs nach Heinersdorf zum Gottesdienst, deren mittelalterliche Feldsteinkirche im Zweiten Weltkrieg zerstört wurde. Trotz Wiederaufbau des mächtigen Turmes sprengte man Mitte der 50er Jahre die Teilruine der Dorfkirche. Neben dem überwachsenen Feldsteinhügel dicht am Kirchhof erkennt man eine Steinplatte mit einer Inschrift über die Geschichte der Glocken der Kirche, die Fontane im Ergänzungsband der Wanderungen „Dörfer und Flecken im Lande Ruppin“ ausführlich erwähnt. Diese Steinplatte war über der Eingangstür in die Kirchenmauer eingelassen.

Osdorf bedeutet möglicherweise Dorf im Osten; es ist 1972 ein zweites Mal wüst geworden, man schleifte es förmlich bis auf eine große Gutsscheune. Grundrisse der Häuser sind heute noch gut zu erkennen, da die Keller nicht abgetragen wurden. Anhand des Baumbestandes ist sogar die Struktur von Osdorf zusätzlich nachzuvollziehen.

Das Osdorfer Wäldchen wurde in direkter Grenznähe zur Hälfte gerodet (Wiederaufforstung im März 1993), um freies Schußfeld zu

Gutshaus Osdorf, 1971 abgebrochen.
Heinersdorf, Inschriftenplatte, früher über dem Kircheneingang.

haben, der Friedhof westlich des Ortes dicht an der Grenze zu Lichterfelde ist bis auf einige efeubewachsene Hügel abgeräumt worden.

Die ca. 150 Dorfbewohner verpflanzte man zwischen 1968 und 1972 in das benachbarte Heinersdorf in drei neue Mietshäuser.

Zu hoffen bleibt, daß bei einer Bebauungsplanung des Osdorfer Gebietes auf die historische Entwicklung des Ortes Rücksicht genommen wird!

Literaturverzeichnis

750 Jahre Ahrensdorf, Gemeindeverwaltung Ahrensdorf 1992

Berlin und seine Eisenbahnen, Verlag Ästhetik und Kommunikation, Berlin 1982 (Reprint)

Berlin-Handbuch: Das Lexikon der Bundeshauptstadt, Herausgeber: Presse- und Informationsdienst des Landes Berlin, FAD-Verlag, Berlin 1992

Birk, Gerhard: *Ludwigsfelde in alten Ansichten*, Zaltbommel 1991

Bohm, Eberhard: *Teltow und Barnim*, Böhlau Verlag, Köln/Wien 1978

Fischer, Hubertus: *Gegen-Wanderungen*, Ullstein Verlag, Frankfurt/M. und Berlin 1986

Fritze, Wolfgang: *Das Vordringen deutscher Herrschaft in Teltow und Barnim*, in: Jahrbuch für Brandenburgische Landesgeschichte, Bd. 22, Berlin 1971

Gebhard, Otto: *Friderizianische Pfälzerkolonien in Brandenburg und Pommern*, Kommissionsverlag Leon Saunier, Stettin 1939

Gley, Werner: *Die Besiedlung der Mittelmark von der slawischen Einwanderung bis 1624*, Verlag J. Engelhorns Nachf., Stuttgart 1926

v. d. Hagen, T. Philipp: *Beschreibung der Stadt Teltow*, Berlin 1767

Havestedt, Christian: *Festschrift zur Einweihung des Teltowkanals*, Berlin 1906

Heller, Gisela: *Märkischer Bilderbogen*, Verlag der Nation, Berlin 1976

Jaster, Arno: *Die Geschichte der askanischen Kolonisation in Brandenburg*, Breslau 1934

Jerchel, Heinrich (Herausgeber): *Die Kunstdenkmäler des Kreises Teltow*, Deutscher Kunstverlag, Berlin 1941

Müller-Bohn, Jost: *Trost und Freud zu jeder Zeit*, Lahr-Dinglingen 1987

Ribbe, Wolfgang: *Die Aufzeichnungen des Engelbert Wusterwitz*, Colloquium-Verlag, Berlin 1973

Ruths, Heinrich: *50 Jahre Berliner Stadtgüter*, Verlag von Alfred Metzner, Berlin 1928

Schmidt, H. u. M.: *Fontane-Wanderwege (Rundweg 1 Zossen)*, Agrar Verlag, Berlin 1992

Schebera, Jürgen: *Damals in Neubabelsberg*, Edition Leipzig 1990

Schultze, Johannes: *Die Mark Brandenburg*, Bd. 1-5, Verlag Duncker und Humblot, Berlin 1961

Schultze, Johannes (Herausgeber): *Das Landbuch der Mark Brandenburg von 1375*

Spatz, Willy: *Der Teltow*, Bd. 1-3, Berlin 1905 / 1912 / 1920
Teltower Kreiskalender 1904–1942, Verlag Rob. Rohde, Berlin
Uhlemann, Hans-Joachim: *Berlin und die Märkischen Wasserstraßen*, Verlag für Verkehrswesen, Berlin 1987
Wirth, Hermann: *Tourist-Führer: Technik*, Berlin/Leipzig 1990

Fotos/Abbildungen:
Kurt Berg, Heinersdorf 167 o
Christiane von Enzberg, Berlin 69 o
Wolfgang Holtz (Archiv), Berlin 45, 51, 53, 69 u, 71, 79, 85 o, 91 u, 93 o, 95 o+u, 103, 105, 139 u, 143, 145, 147, 149, 161, 163
Klaus Janetzki u. Wolfgang Holtz, Berlin 9 o+u, 11, 15, 17 o+u, 39 u, 41, 85 u, 91 o, 93 u, 97, 99, 100, 101, 115, 125 o+u, 131, 167
Gerd Koischwitz (Archiv), Berlin 35, 57 o+u
Märkisches Museum 139
Dr. Dieter Zach (Sammlung), Potsdam 39 o

Döberitzer
Truppen-
Übungsplatz
Gr.Glienicke
Sakrow
Kl.Glienicke
POTSDAM
Ba-
bels-
berg
Neu-
babelsbg
NOWA-
WES
Rehbrücke
Bergholz
Neu-
Langerwisch
Alt-
Saarmund
Wildenbruch
Fresdorf
Stücken
Breite
Körzin
Zauchwitz
Rieben
Dobbrikow
Nettgendf.
Berkenbrück
Gottsdorf
Frankenförde